Más allá de

El Secreto

Más allá de

El Secreto

Brenda Barnaby

**Las claves del *best seller* y nuevas revelaciones
para mejorar tu vida**

universum
ROBIN
BOOK

UN SELLO DE EDICIONES ROBINBOOK
Licencia editorial para Bertelsmann Direct North
America, Inc., por cortesía de Ediciones
Robinbook, S.L., Barcelona

Título original: Más allá de *El Secreto*

© 2007, Ediciones Robinbook, s. l., Barcelona

Diseño de cubierta e interior: La Cifra (www.cifra.cc)

Fotografías interior: pág. 21 Jan Mocnak; pág. 26-27 Quim Berenguer; pág. 39 Kenson Lai;
pág. 44 Mátyás Huszár; pág. 55 Jolka Igolka; pág. 102 Greg Wallace; pág. 128-129 Alberto
Jiménez; págs. 62, 71, 81, 90-91, 113, 116, 141, 142, 158-159, 169 Jupiterimages.

ISBN: 978-84-7927-918-9

Impreso en U.S.A.

Índice

Sabemos lo que somos, pero no lo que podríamos ser.
William Shakespeare

Podemos llegar a ser lo que queramos.
Pico della Mirandolla

Presentación

El principal motivo que me ha llevado a elaborar este libro es la convicción de que vivimos una oportunidad única. Esa convicción se manifiesta en el creciente auge de las doctrinas mentalistas, que no por casualidad se produce en estos primeros años del tercer milenio. Sin duda, la expresión más notoria de ese fenómeno es el notable éxito audiovisual y editorial del mensaje elaborado por Rhonda Byrne bajo el título de *El Secreto*.

Con la colaboración de más de veinte personalidades del mentalismo[*] y de la autoayuda, Byrne nos presenta una sucesión plural de voces que van explicando al espectador o lector las bases teóricas y prácticas de la Ley de Atracción de las vibraciones mentales. Como la propia autora reconoce, esa fe es muy antigua y fue seguida a lo largo de la historia por numerosos personajes insignes. La novedad consistiría en que ahora su «secreto» está disponible para todos por intermediación de nuevos guías y maestros, por ejemplo, los participantes en esa obra colectiva.

Nos merece sincero respeto el excelente trabajo profesional de Rhonda Byrne, así como la claridad con la que se exponen en su obra conceptos que no siempre son fáciles de explicar. Pero sobre todo, admiramos y compartimos su profunda y entusiasta fe en el poder secreto de nuestra mente, infundido por la divinidad, para:

---

[*] En referencia al mentalismo en su significado de teoría filosófica, y no en su acepción de espectáculo de ilusionismo.

*Cambiar nuestras vidas y alcanzar la plenitud,
el bienestar, y la satisfacción de nuestros fines.*

Por esa razón, el presente libro se titula *Más allá de El Secreto*. No por subestimar o pretender superar la obra de la autora australiana, sino para incluirla como pieza importante en un fenómeno más amplio. Es decir, complementar su exposición con otros datos, sucesos, personajes, secretos y consejos, que también forman parte de lo que podría considerarse «la oportunidad del nuevo milenio».

Creemos que de esta forma se ofrece a los lectores una perspectiva más completa de este fenómeno, de los argumentos que nos llevan a creer firmemente en la fantástica energía que subyace en nuestra mente. Y, sobre todo, también se incluye un amplio abanico de consejos y ejercicios elaborados por los mejores guías y maestros actuales.

Espero que en las páginas siguientes encuentres el impulso y el camino para vivir una experiencia extraordinaria:

¡transformar tu vida y cumplir tus mayores deseos!

1.

El retorno de la sabiduría ancestral

*El Universo es transformación. Nuestra vida
es como nuestros pensamientos la han formado.*

Marco Aurelio

*E*n tiempos muy lejanos existió una sabiduría basada en la conjunción del espíritu, la mente y el cuerpo que, unidos, interactuaban con la divinidad que ha creado y domina las energías del Universo. Los grandes maestros ancestrales, que guardaban celosamente ese conocimiento mistérico, permitieron que éste se filtrara a lo largo de milenios a algunos personajes o grupos escogidos. Pero esas revelaciones fueron siempre parciales, fragmentarias y, a menudo, sesgadas por las creencias, ideas o tendencias de quienes alcanzaban a vislumbrarlas.

La transmisión de esa sabiduría fue por lo tanto precaria y cerrada, hasta finales del siglo XIX y comienzos del XX. Surgieron entonces varias personalidades dotadas que buscaron una visión más coherente y concreta, que superara el secretismo y permitiera la divulgación de este magnífico legado. Hoy, esa búsqueda ha dado sus frutos, y la oportunidad está al alcance de todos para enriquecer nuestras vidas.

La revelación de los enigmas de la sabiduría ancestral fue posible por medio de numerosos pensadores e investigadores que la estudiaron y la difundieron, elaborando prácticas que nos permiten beneficiarnos de sus virtudes. En su homenaje, presentamos una síntesis de la obra de algunos de los más destacados, que permitieron dar coherencia a las distintas doctrinas.

Un ente original pensante

• WALLACE WATTLES (1860-1911)•

Una figura principal en la recuperación del conocimiento de los antiguos maestros es Wallace Wattles. Impulsor del llamado New Thought, o nuevo pensamiento, Wattles tuvo el mérito colateral de que su libro *La ciencia de hacerse rico,* de 1910, inspiró casi cien años después la investigación de Rhonda Byrne para filmar y escribir su exitoso compendio *El Secreto.*

> *El objetivo de toda vida es desarrollarse, y todo ser viviente tiene*
> *el derecho inalienable a todo el desarrollo que sea capaz de alcanzar.*
>
> Wallace Wattles

Los libros de Wattles exponen su concepción de un ente original amorfo y pensante, del que surgió todo lo que puebla el Universo. Una especie de aleph borgiano en el que se concentra todo lo existente en todos los tiempos, visto desde todas las dimensiones. En su estado inicial, ese ente informe penetró y llenó los «interespacios» de todos los planos del cosmos. Por lo tanto, explica Wattles:

> *Un pensamiento en esa sustancia esencial, produce lo que imagina ese pensamiento. Una persona puede imaginar cosas en su mente, y si imprime ese pensamiento en la sustancia amorfa, se creará la cosa que ha imaginado.*

La idea de una relación creativa entre la mente y el cosmos proviene de las antiguas religiones dhármicas orientales. Sus principios fueron retomados en la Edad Media por las manifestaciones de la alquimia, la magia y la taumaturgia, capaces de transfigurar la realidad creando o cambiando las intenciones del espíritu y la sustancia de la materia. En tiempos más modernos, es una de las bases teóricas de los métodos y terapias que utilizan el intercambio de energías y vibraciones entre el sujeto y el Universo.

El principio que propone Wattles para conseguir una completa armonía con el ente amorfo, es pasar de una mente competitiva a una mente creativa. De lo contrario, asegura, no puede existir armonía con la inteligencia informe, cuya esencia es fundamentalmente creadora. Pero es también creadora de todos nosotros, y el verdadero secreto para contactar con ella consiste en mostrarnos agradecidos:

Para entrar en plena armonía con la sustancia amorfa debemos mostrarle un sincero y ferviente agradecimiento por las bendiciones que nos ha proporcionado. La gratitud unifica la mente de una persona con la inteligencia de la sustancia, que así recibe sus pensamientos. Sólo podemos mantenernos en un plano creativo si nos unimos a la inteligencia informe por medio de una continua y profunda gratitud.

La obra de Wallace Wattles alcanzó un éxito sin precedentes en la primera mitad del siglo XX, y su filosofía influyó en varios pensadores y autores de gran importancia en las técnicas mentales y el pensamiento positivo.

El poder creador de la mente

• JAMES ALLEN (1864-1912)•

El pensador y poeta inglés James Allen publicó en 1902 su libro *Como un hombre piensa, así es su vida,* considerado una aporte fundamental a la difusión del poder de los pensamientos. Allen tuvo una especie de iluminación a los 38 años, cuando ocupaba un puesto ejecutivo en una gran empresa. Renunció a su empleo y se retiró con su esposa a una modesta cabaña en Devon, donde siguió una vida de meditación y escribió numerosos trabajos sobre la importancia de la energía mental.

Un hombre es literalmente lo que piensa,
su carácter es la suma de sus pensamientos.

James Allen

En esa obra Allen establece las líneas fundamentales de la relación entre nuestros pensamientos y nuestro destino, restando importancia a las circunstancias del entorno o las actitudes de los demás, en tanto que es también nuestra mente la que crea esas circunstancias y esas actitudes. Así lo explica en un párrafo de su libro:

El hombre es el amo de su pensamiento, el creador de su carácter, y quien produce y moldea su condición, su entorno y su destino. Como un ser de fuerza, inteligencia y amor, y dueño de sus propios pensamientos, posee la llave de toda situación y lleva en sí la potencia de transformarse y regenerarse para hacerse a sí mismo como él desea.

La obra de James Allen nos recuerda que el ser humano ha sido creado por ley divina y que no es una invención ni un artificio. Las causas y efectos son tan absolutos e indeclinables en el reino virtual de su mente como en el mundo de las cosas visibles y materiales. En su visión, una vida plena y exitosa no se obtiene por un determinismo infuso o por azar, sino que es el resultado de un constante y cuidadoso esfuerzo por hallar y enriquecer los pensamientos apropiados. Llega a afirmar que el correcto dominio de nuestros pensamientos nos lleva a acercarnos a la perfección divina. Y así lo expresa con lirismo en sus escritos:

El hombre se hace o se deshace por sí mismo. En el arsenal de su mente se encuentran las armas para destruirse, y también las herramientas con las que levantar mansiones de alegría, poder y paz. Por la elección correcta y buen uso de su pensamiento puede ascender a la divina perfección.

DE NOSOTROS DEPENDE CAER EN LA AUTODESTRUCCIÓN O ALCANZAR UNA PERFECCIÓN CERCANA A LA DIVINIDAD

La fuerza de las vibraciones mentales

• WILLIAM WALKER ATKINSON (1862-1932) •

Entre los pioneros en este campo destaca con luz propia William W. Atkinson, cuyos numerosos libros y artículos desarrollaron y consolidaron la teoría de las vibraciones mentales. Abogado, autor y editor, participó activamente en los albores del movimiento llamado «nuevo pensamiento», y dirigió una publicación con ese título. Para algunos críticos, su libro de 1906 *Thought Vibration or the Law of Attraction in the Thought World* (Vibración del pensamiento o la Ley de Atracción en el mundo mental) es un referente esencial que subyace en el fenómeno producido en torno a *El Secreto* de Rhonda Byrne.

> *Toda persona posee una individualidad oculta y latente,*
> *que sólo unos pocos pueden llegar a expresar por sí mismos.*
>
> William W. Atkinson

En la doctrina de Atkinson, debemos entender esa «individualidad» como una fuerza potencial, una cualidad superior de nuestra mente. La mayor parte de nosotros no se decide a desarrollar esa individualidad latente, ya sea por desconocimiento o por dejadez. La única forma de despertarla y poder disponer de ella es por medio de un control consciente de nuestras vibraciones u ondas mentales. Cuando los seres humanos piensan en algo, producen inconscientemente esas vibraciones, que por lo general se dispersan y se pierden. Pero si tomamos conciencia de ellas y nos concentramos en darle toda la fuerza que subyace en nuestra mente, adquieren una notable potencia y alcanzan una gran amplitud y duración.

Cuando una idea o un sentimiento se producen en la mente de una persona, la fuerza generada por el cerebro en forma de ondas de energía mental se expanden en el ámbito que rodea a esa persona hasta una distancia proporcional a la intensidad de la energía generada. Estas ondas mentales poseen la propiedad de despertar vibraciones similares en la mente de otras personas, que entran en su campo de fuerza de acuerdo con las leyes de influencia mental.

La teoría de William W. Atkinson sobre las ondas mentales se apoya en los avances de la neurología y la psiquiatría que se produjeron en su época, en especial los experimentos que comprobaron que los pensamientos y emociones producían una elevación de temperatura en ciertas zonas del cerebro. El calor supone liberación de energía, y toda energía se libera por medio de ondas vibratorias. Si eso ocurre con la luz, la electricidad o la radio, ¿por qué no con la energía mental? Desde esa premisa, Atkinson ofrece el secreto para aprovechar nuestras ondas mentales:

Existe una gran diferencia entre las ondas cerebrales emitidas sin conciencia, desconociendo las leyes de la influencia mental, y aquellas que se proyectan con un total conocimiento de ese fenómeno y son dirigidas por un potente impulso del emisor. La fuerza es la misma, pero la intensidad de su potencia y de sus efectos está determinada por las condiciones del impulso emisor.

Atkinson practicaba en sí mismo sus hipótesis e ideas, lo que sin duda le permitió desplegar una formidable capacidad de trabajo. Publicó centenares de libros y artículos que enriquecieron y consolidaron el movimiento nuevo pensamiento, tanto con su firma como con diversos seudónimos. Su inquietud lo llevó a estudiar en profundidad temas de metafísica y ocultismo, siendo uno de los introductores del hinduismo y el yoga en Occidente.

EL DOMINIO DE LAS VIBRACIONES MENTALES NOS PERMITE INFLUIR EN NUESTRO ENTORNO

Una filosofía del éxito

• NAPOLEÓN HILL (1883-1970) •

El profesor Hill es autor de uno de los más influyentes libros de mentalismo energético y autoayuda: *Piense y hágase rico*. Hill inauguró la técnica de agregar a sus ideas teóricas una serie de consejos prácticos para el lector, que luego asumirían casi todos los autores de las distintas corrientes que recuperan la antigua sabiduría. Denominaba a su propuesta «filosofía del éxito», lo que sin duda explicita el carácter personal, social y material de sus consejos.

Todo lo que la mente puede concebir y creer, puede alcanzarse.

Napoleón Hill

En concordancia con la teoría psicoanalítica de Sigmund Freud, muy novedosa en su tiempo, el profesor Hill otorgaba una importancia primordial a la energía sexual, en tanto libido que puede sublimarse para obtener objetivos en otros campos:

El deseo sexual es el más poderoso de los deseos humanos. Llevados por su pulsión, los individuos desarrollan profundamente su imaginación, coraje, fuerza de voluntad, persistencia y creatividad de una forma muy superior a la que poseen habitualmente.

Para Hill, el deseo del acto sexual es tan poderoso, que para satisfacerlo se llega a arriesgar la dignidad, la reputación e incluso la vida. Pero esa potente energía se puede canalizar por otras vías, manteniendo sus atributos. Una mente bien entrenada puede derivarla hacia el logro de sus fines en el campo artístico, social, profesional, etc. En sus propias palabras:

«La transmutación de energía sexual exige un ejercicio de voluntad considerable, desde luego, pero la recompensa merece ese esfuerzo. El deseo de la actividad sexual es innato y natural. Y no puede ni debe ser reprimido o eliminado. Se le debe dar salida por medio de formas de expresión que enriquezcan la mente, el cuerpo y el espíritu. Si no se logra esta transmutación, esa energía querrá buscar salidas por canales puramente físicos».

NUESTRA FUERZA MENTAL AUMENTA AL CANALIZAR LA ENERGÍA SEXUAL

No debemos entender que Napoleón Hill era una especie de puritano o mojigato que condenaba la práctica de la sexualidad física. Su propuesta consiste en «tomar prestada» una parte de esa energía, o en todo caso no malgastarla. Su filosofía se basa en el control mental, según el pensamiento de Edison sobre la relación cosmológica entre la energía y la materia. Desde ese enfoque, la mente se enriquece a partir de una base física.

Sé que el Universo está gobernado por una inteligencia infinita; todo lo que existe responde a leyes también infinitas.

Thomas Alva Edison

La importancia de la voluntad

• EARL NIGHTINGALE (1921-1989) •

Autor de numerosos libros de éxito, Earl Nightingale fue un aplicado continuador del pensamiento de Napoleón Hill, al que cita con frecuencia como su maestro. Su teoría se reafirma en el poder de la mente, pero presenta esa fuerza mental despojada de connotaciones cósmicas o místicas, centrándola en la capacidad del sujeto para dominarla. Se lo considera uno de los fundadores de la línea «motivacional» dentro del campo de la autoayuda, con una técnica basada en la voluntad y la concentración.

Todo lo que necesitas es saber adónde quieres llegar;
las soluciones correctas surgirán espontáneamente.

Earl Nightingale

En cierta forma Nightingale se anticipó a Rhonda Byrne en lo de recibir la iluminación tras la lectura de *Piense y hágase rico* (*Think and Go Rich*). Según él mismo ha explicado, encontró el libro de Wallace Wattles en la biblioteca pública de Long Beach mientras buscaba respuesta a la siguiente pregunta: ¿Cómo puede una persona común, sin ninguna cualidad especial y partiendo de cero, alcanzar los fines que considera importantes, y de esa forma aportar una buena acción a los demás?

Nightingale halló la respuesta, o por lo menos el camino para encontrarla, inspirado en la lectura de Wattles. Ese descubrimiento tuvo lugar en 1957, y ese mismo año publicó su primer libro, *The Strangest Secret* (El secreto más extraño), título también emparentado con el de la autora australiana. En la visión de Nightingale, la clave del éxito reside en trazarse una meta y esforzarse por alcanzarla. Pero esa meta no debe responder necesariamente al logro de una posición destacada, ni a la fama o el éxito público. Se trata de una meta dirigida hacia el interior del individuo, hacia el disfrute de cada instante de su vida:

Para alcanzar la felicidad, debemos asegurarnos de que nunca nos falte una meta que sea importante para nosotros. Plantearnos un propósito que ofrezca un profundo interés personal; algo que nos permita disfrutar dedicándole doce o quince horas por día de trabajo, y el resto para reflexionar sobre ello. Lo que plantemos en nuestra mente subconsciente y alimentemos con repetición y emoción, se hará realidad algún día.

Nightingale plantea la noción de éxito como la progresiva consecución de un propósito digno, sea del nivel que sea. Debemos proponernos objetivos lo bastante difíciles y ambiciosos como para constituir un auténtico reto personal, pero que se ajusten a nuestras posibilidades y a las circunstancias externas que nos rodean. Al plantearnos una meta estamos ya en el camino del éxito, porque sabemos adónde vamos.

Este autor insiste asimismo en la visión positiva de la vida, que se ve facilitada por la conciencia de que tenemos un objetivo personal. Ello nos concede una vitalidad más rica y más generosa, una percepción más sensible de nosotros mismos y del mundo a nuestro alrededor.

Aprende a disfrutar cada minuto de tu vida. Sé feliz desde ahora. No esperes algo de fuera de ti mismo que te haga feliz en el futuro. Piensa en lo realmente precioso que es el tiempo de que dispones, tanto en tu labor como con tu familia. Debes gozar y saborear cada minuto.

TRAZARNOS UNA META DIGNA NOS AYUDA
A SER FELICES Y DISFRUTAR DE LA VIDA

El poder está en tu interior

• JOSEPH MURPHY (1898-1981) •

Pensador, escritor y guía del crecimiento personal, Joseph Murphy dedicó cincuenta años de su vida a la prédica del poder mental y espiritual. Estudió profundamente las más importantes doctrinas religiosas, para llegar a la síntesis que expresaba el lema que era su caballo de batalla: «¡El poder está en tu interior!». Con esta convicción dirigió durante tres décadas la Iglesia de la ciencia divina en Los Ángeles, escribió numerosos libros y dictó cursos y conferencias en diversos países.

Podrás hacer verdaderas maravillas cuando comiences
a usar el mágico poder de tu mente subconsciente.

Joseph Murphy

Murphy propiciaba lo que él denominaba «oración científica», consistente en una interacción armoniosa entre el nivel consciente y subconsciente de la mente, dirigida a un determinado fin. En su filosofía, el dominio de ese infinito poder interno que subyace en cada uno de nosotros nos permitirá alcanzar lo que realmente deseamos en la vida. La fe ocupa un lugar central en la prédica de Murphy. Pero no se trata de un credo místico, sino de la convicción de que existe ese poder interior y la decisión de confiar en él como instrumento supremo para alcanzar la felicidad:

La ley de la vida es la ley de la fe. Y la fe puede resumirse brevemente como
un pensamiento en tu mente. La forma de tus pensamientos, sentimientos y
creencias, condiciona tu mente, tu cuerpo y tus circunstancias. Comprender en
profundidad lo que haces, y por qué lo estás haciendo, te ayudará a alcanzar
una incorporación subconsciente de las cosas buenas de la vida.

La técnica propuesta por Joseph Murphy se dirige a soluciones concretas de problemas concretos. Su objetivo son aquellos conflictos que atañen a la vida diaria de las personas, y que sólo podrán resolver por sí mismas, con sus propias fuerzas subyacentes que aún desconocen. El aprender a reconocer y utilizar esas fuerzas, supone el enfrentamiento de los problemas y el poder solucionarlos.

Tú deseas una vida más feliz, más plena y más rica. Comienza a utilizar el poder subconsciente y verás allanado el camino en tus asuntos cotidianos, resolverás los problemas de trabajo y conseguirás armonía en tus relaciones.

Quizá, el secreto del amplio y continuado éxito de Murphy se deba a la relativa modestia de su prédica. No promete riquezas fabulosas, pasiones ardientes, ni triunfos en la cúspide, sino la receta para resolver problemas personales y domésticos que afectan a millones de hombres y mujeres comunes en todo el mundo. Su oferta consiste en la armonía personal y el sano disfrute de lo que él mismo ha llamado «las cosas buenas de la vida»: «Todo lo que tienes que hacer es unirte mental y emocionalmente con lo que quieres alcanzar, y los poderes creativos de tu subconsciente responderán como corresponde. ¡Comienza ahora, hoy, deja que ocurran milagros en tu vida! Y sigue, sigue hasta que surja un nuevo amanecer y las sombras se alejen para siempre».

LA SOLUCIÓN DE LOS PROBLEMAS PERSONALES RESIDE EN NUESTRA FUERZA SUBCONSCIENTE

Los pensadores y autores que hemos presentado, más otros de similar importancia como Ernest Holmes, Louise Hay, Robert Collier, Emmet Fox o Genevieve Beherend, fueron configurando un cuerpo coherente de ideas y experiencias respecto a la función de las energías que subyacen en nuestra mente. Esos conocimientos y propuestas integraron el movimiento conocido como nuevo pensamiento, que junto al pensamiento positivo y la Ley de Atracción protagoniza lo que hemos dado en llamar: «la oportunidad del nuevo milenio».

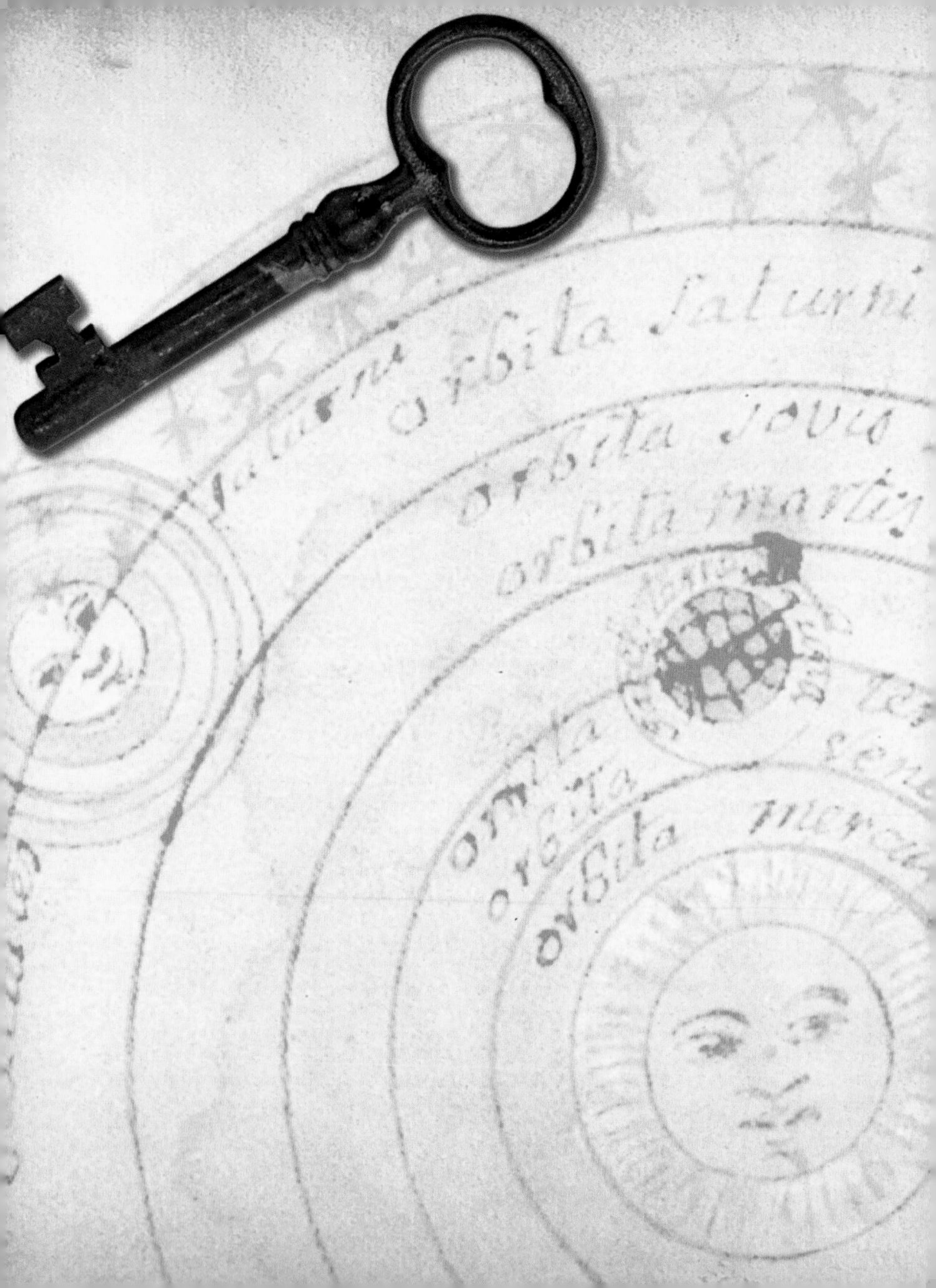
orbita saturni
orbita jovis
orbita martis

2.

La oportunidad de un nuevo milenio

El hombre es mortal por sus temores
e inmortal por sus deseos.
Pitágoras

Nos encontramos en un momento especial para mejorar nuestras vidas. El paso del segundo al tercer milenio significó un cambio de era, una transformación cósmica que influyó en las coordenadas del Universo y sus vibraciones astrales. Ese fenómeno trajo consigo cambios sustanciales en la relación entre la energía subyacente en nuestra mente y las fuerzas que interactúan con ella para alcanzar nuestros objetivos.

Vivimos en una época muy propicia para las experiencias mentales, y podemos emplear el conocimiento acumulado por los pensadores y guías espirituales de las últimas décadas. Varios de ellos conocieron o intuyeron este momento favorable que ahora atravesamos y prepararon el terreno para una amplia y profunda renovación en el campo de las energías subconscientes. Sus trabajos han revelado la indisoluble unión de la divinidad (cualquiera que sea su nombre y su forma) con nuestra mente, nuestro cuerpo y nuestro espíritu. La interacción es, por lo tanto, simple y fluida, y así lo ha expresado con absoluta sencillez un respetado líder religioso que ostenta una sabiduría privilegiada en este tema:

No hacen falta templos ni complicadas filosofías.
Nuestra propia mente y nuestro corazón son nuestro templo.

Dalai Lama

Todo está dispuesto para que aprovechemos la oportunidad de vivir una experiencia única y trascendente. Sólo es necesaria la voluntad de cambiar nuestra vida, alejando para siempre los miedos, la represión y los sentimientos y pensamientos negativos. Ahora podemos disfrutar del bienestar y la felicidad que nos parecían imposibles, por medio de las recientes interpretaciones del nuevo pensamiento, la Ley de Atracción, el pensamiento positivo, y los otros recursos mentales y espirituales que nos permiten despertar y emplear nuestro potencial subconsciente.

AHORA ES POSIBLE USAR NUESTRA ENERGÍA OCULTA DE UNA FORMA SENCILLA Y EFICAZ

La gran ley del Universo

«Lo que está arriba es como lo que está abajo, y lo que está abajo es como lo que está arriba», reza una de las principales leyes del Universo, descubierta en tiempos inmemoriales por los sabios y maestros de la gran tradición hermética y mistérica. Para ellos, ése era el principio esencial para alcanzar la perfección, el poder de la magia y el conocimiento de los arcanos ocultos. Así lo recogieron los alquimistas medievales, tal como estaba escrito en la Tabla Esmeralda o *Smaragdina,* un texto críptico que se atribuye a Hermes Trimegisto, encarnación griega del dios egipcio Toth, señor del lenguaje y de la taumaturgia.

El texto de la Tabla Esmeralda

Cierto, sin error, verdadero y muy cierto: que lo que está arriba es como lo que está abajo, y lo que está abajo como lo que está arriba, para producir los milagros de la cosa Una. Y como todas las cosas fueron creadas desde la Una, por medio de la meditación de la Una, luego todas las cosas vienen desde la Una, a causa de la transformación. Su padre es el Sol, su madre la Luna, el viento la cargó en su vientre y su nodriza es la Tierra. El Padre de todas las cosas del mundo está aquí. Su poder es integrador si puede volver a la Tierra. Separa la tierra del fuego, lo fino de lo denso, delicadamente, por medio de su grandeza junto con su genio. Asciende de la Tierra hacia el Cielo y de nuevo desciende a la Tierra, y ejerce el poder sobre los superiores y los inferiores. Por tanto, tú puedes poseer la gloria de la totalidad del mundo, y te podrás orientar en la total oscuridad. Esto es todo el poder de la poderosa fuerza, porque supera todas las cosas delicadas y penetra toda completud. De esa forma ha sido creado el mundo. De ahí surgen maravillosas transformaciones, de las que ésta es la razón. Yo soy Hermes, el tres veces grande, que posee las tres partes de la filosofía del mundo. Así se completa lo que tenía que decir sobre la obra del Sol.

La gran ley del Universo se integró con el principio hinduista de que «uno es todo y todo es uno», para establecer la ley de la atracción. Ésta prescribe que toda idea, sentimiento o pensamiento atrae a su igual, al sincronizarse las respectivas vibraciones. En otras palabras, si piensas en algo negativo, atraes algo negativo; y si piensas en positivo atraes algo positivo. Una norma que se desprende de esta idea es no obsesionarte pensando en lo que te falta o te preocupa, sino concentrarte en imaginar lo que deseas obtener.

Los *Vedas,* antiguos escritos sagrados de la India, sostienen que los pensamientos producen en la mente consciente vibraciones de diversas frecuencias. Esas vibraciones se expanden en resonancias y reverberaciones que son captadas por las mentes que vibran en la misma frecuencia, creando una reacción en cadena. El efecto de esta reacción es atraer hacia sí las vibraciones espirituales o materiales que poseen lo que hoy llamaríamos «la misma longitud de onda».

Todo es Dios

 La primera explicación conocida de la manera en que actúa la Ley de Atracción se remonta al siglo VIII en la región india de Cachemira. Allí surgió entonces una corriente filosófica y religiosa llamada shaivismo, centrada en la existencia del spanda, vocablo sánscrito que significa «vibración» o «resonancia». Aunque esa idea ya estaba presente en otras vertientes del hinduismo, son los shaivitas quienes describen por primera vez sus mecanismos en un texto conocido como el Spanda-karika. En el siglo siguiente, esos manuscritos pasaron a formar parte de los textos védicos sagrados conocidos como Upanishads.

Eres lo que es tu profundo y constante deseo,
como es tu deseo es tu voluntad,
como es tu voluntad es tu esfuerzo
y como es tu esfuerzo es tu destino.

Upanishad hindú

Los *Upanishads* permanecieron prácticamente desconocidos en Occidente durante más de un milenio. Fue sólo a principios del siglo XIX cuando el francés Anquetil Du Perron elaboró una traducción al latín que despertó el interés de los eruditos. Según hemos visto en el apartado anterior, cien años más tarde, William Walker Atkinson publicó *Thought Vibration or the Law of Attraction in the Thought World* (La vibración del pensamiento, o la Ley de Atracción en el mundo mental), que se convirtió en una verdadera Biblia y punto de apoyo de las corrientes mentalistas del siglo XX.

Otros cien años más tarde, en 2006, la australiana Rhonda Byrne presentó su recopilación titulada *El Secreto,* donde opinan y exponen dos docenas de expertos que utilizan y difunden las virtudes de la Ley de Atracción. Esta obra polifónica, producida tanto en soporte DVD como en libro impreso, que ha obtenido una amplia repercusión en todo el mundo, se puede integrar en lo que se denomina la oportunidad del nuevo milenio. La ley sigue siendo la misma que describían los *Upanishads,* en tanto que es eterna e inmutable. Lo que ha cambiado a lo largo del tiempo es la intensidad de su fuerza y los recursos para utilizarla, que se van modificando al ritmo de los acontecimientos que se dan en el espacio y el tiempo. Por eso, hoy nos situamos en medio de la expansión de energía producida por el cambio de milenio, y debemos aprovechar esa circunstancia para transformar nuestra vida y alcanzar aquello que más deseamos.

Eres según lo que has sido, y serás según lo que hagas ahora.

Buda

El credo del nuevo pensamiento

El denominado nuevo pensamiento se constituyó a partir de la serie de ideas religiosas y místicas que hemos reseñado, centradas en las vibraciones espirituales de la mente. La mayoría de sus manifestaciones tuvieron lugar en Estados Unidos a finales del siglo XIX, por medio de la prédica de diversas personalidades que investigaban líneas semejantes a partir de la filosofía trascendentalista. Al parecer el primero en utilizar el término «nuevo pensamiento» fue Phineas Quimby, aunque también puede considerarse pioneros del movimiento a figuras como Ralph Waldo Emerson, Horatio Dresser, Mary Baker Eddy, Joseph Murphy y Ernest Holmes.

El espíritu es verdadero y eterno, la materia es irreal y temporal.

Mary Baker Eddy

Somos seres cálidos y vitales, que piensan, sienten, desean... Estoy conforme con cómo somos y no creo que debamos cambiar. Las grandes almas, como Jesús, Emerson o Whitman, que nos brindaron para siempre una profunda visión espiritual, fueron seres muy espontáneos, muy simples y muy tiernos, e incluso con un buen sentido del humor.

Ernest Holmes

Estas estimulantes palabras pertenecen a Ernest Holmes (1887-1970), brillante teólogo y uno de los más notables promotores del nuevo pensamiento. Por influencia familiar, Holmes ingresó en la Iglesia de la ciencia cristiana, donde fue discípulo de Emma Curtis Hopkins. Bajo las enseñanzas de ésta y de sus estudios teológicos y espirituales, Holmes fundó la Iglesia de la ciencia religiosa. En ella predicaba su filosofía, que denominó «ciencia de la mente», y ése fue el título de su libro fundamental, publicado en 1938.

Maestra de maestras

Emma Curtis Hopkins fue una brillante pionera femenina en el proceso de elaborar un nuevo pensamiento basado en los principios de la sabiduría ancestral. Teóloga heterodoxa y activista de los derechos de la mujer, abandonó su pertenencia a la Iglesia de la ciencia cristiana para fundar su propio movimiento, cuyo centro fue el seminario teológico de Chicago. Allí formó varias generaciones de predicadoras. Muchas de sus discípulas fundaron nuevos centros o iglesias dentro de la línea de Emma Curtis Hopkins, que por ello ha sido llamada «maestra de maestras».

Ernest Holmes representa la visión más sencilla y, a la vez, más profundamente espiritual dentro del nuevo pensamiento. Para él, Dios está en espíritu en todas partes y en todos los seres y cosas del universo. En nosotros, los seres humanos, el espíritu de Dios está en nuestros pensamientos, y es lo que les insufla su dimensión creativa. Lo que debemos hacer es impulsar y dejar que fluya esa dimensión:

> *Debemos pensar en nosotros mismos como siendo de la forma que queremos ser. Nosotros no hacemos que el pensamiento sea creador, sino Dios. Nunca hubo un pensamiento humano; todo pensamiento es divino, aunque dentro de la condición humana. No necesitamos buscar otros poderes, porque ya poseemos el más grande poder.*

Desde luego, Holmes no predica que debemos esperar que Dios piense por nosotros. Se trata de reconocer el espíritu divino de nuestro pensamiento, y orientarlo hacia el logro de nuestros deseos de perfección y plenitud. Para conseguirlo, atribuye gran importancia a contemplar la vida con alegría y sentido del humor, sin dejarnos abatir por la depresión y la desesperanza.

Debes olvidar todos los argumentos negativos
y pensar en los pocos que son realmente positivos.

Ernest Holmes

Los adeptos al nuevo pensamiento creen generalmente en el monismo, es decir, en una energía divina creadora del Universo, que está en todas partes y en todas las cosas. Conciben todos los aspectos de la realidad, materiales y espirituales, como una sola sustancia, en tanto pertenecen a esa energía universal. El principio central de su credo es que el pensamiento evoluciona y se desarrolla, creando nuestra experiencia del mundo. Ponen énfasis en la meditación, la concentración en pensamientos favorables, la autoestima mental y espiritual y el ruego y agradecimiento a través de la oración.

El nuevo pensamiento admite una mayor o menor relación con la doctrina cristiana, según las distintas iglesias o corrientes, y algunas son tolerantes respecto a la posibilidad de que los adeptos profesen otros credos. Aunque es frecuente que se lo vincule con el movimiento *New Age* (nueva era), éste se basa en conceptos astrológicos que el nuevo pensamiento no comparte, ni tampoco el romanticismo espiritual de las relaciones interpersonales típico de la *New Age*.

PODEMOS PROFESAR EL NUEVO PENSAMIENTO SIN RENUNCIAR A NUESTRA FE RELIGIOSA

El nuevo pensamiento se diferencia claramente de las grandes religiones tradicionales en su actitud hacia su propia doctrina. Su fe no es inamovible y dogmática, sino que está en su esencia el permanecer abierta a la evolución del pensamiento. No es un credo estático, sino un proceso mental y espiritual en desarrollo. Sus observantes creen que a medida que la humanidad adquiere un mayor conocimiento del mundo, su iglesia del nuevo pensamiento debe evolucionar para asimilar ese nuevo conocimiento.

Los cinco principios básicos de su doctrina, aplicables a todas las congregaciones del nuevo pensamiento, son los siguientes:

* Dios es la fuente y el creador de todo. Es único, bondadoso, y está presente en todas partes y todas las cosas.
* Los humanos somos seres espirituales, creados a la imagen de Dios. El espíritu de Dios está presente en cada uno, y por eso toda persona es intrínsecamente buena.
* Los humanos creamos nuestras experiencias de vida por medio de nuestro pensamiento.
* Los pensamientos positivos son poderosos, porque favorecen nuestra conexión con Dios.
* No basta con reconocer estos principios espirituales, sino que debemos vivirlos y experimentarlos.

Iglesias en todo el mundo

Bajo la denominación de nuevo pensamiento, traducida a diversas lenguas, existen en la actualidad numerosas iglesias y congregaciones, con sedes distribuidas en el continente americano, Europa y Asia. La más importante de estas entidades es la Unity Church (Iglesia de la unidad) que alcanza a más de dos millones de miembros en todo el mundo. Fundada en 1889, en Kansas, sus feligreses integran hoy 900 centros o escuelas distribuidas en quince países.

En los congresos que realizan periódicamente los credos mentalistas, se han reconocido oficialmente como expresión del nuevo pensamiento otras cinco Iglesias: las de ciencia divina, ciencia religiosa, fundación universal para una vida mejor, huna y la japonesa Seicho-No-Ie. Esta última se extiende por todo el archipiélago nipón y ha alcanzado a otros países a través de la inmigración japonesa, con una especial presencia en Brasil. En cuanto a huna, es un culto fundado en Hawai a mediados del siglo xx, que cultiva «la ciencia secreta que está detrás de los milagros». Sus cultores combinan algunos aspectos de la antigua hechicería hawaiana con las modernas doctrinas mentalistas.

Cuando nos hallamos en la dirección correcta, todo lo que debemos hacer es seguir caminando.

Proverbio budista

Si aceptamos que la Ley de Atracción es el instrumento para el cumplimiento de nuestros deseos y el logro de la felicidad, sabemos que su materia esencial son los pensamientos. Nuestro objetivo es controlarlos y orientarlos hacia la consecución de esos fines, y rechazar los que se le opongan. Decirlo parece fácil, pero... ¿cómo podemos realmente dominar lo que ocurre en nuestra mente?

Lo que consideramos pensamientos no son sólo las reflexiones conscientes que elaboramos para analizar un tema o tomar una decisión. La mente también aloja ideas, sentimientos, fantasías, ilusiones, imágenes, y otra serie de vibraciones espontáneas que en apariencia son ajenas a nuestra voluntad. ¿Podemos evitar que surjan o rechazarlos cuando se presentan? ¿Y cómo debemos guiar nuestras reflexiones conscientes para favorecer nuestros propósitos?

Las respuestas a esas preguntas se encuentran en las páginas siguientes...

Ha llegado el momento de iniciar el camino que cambiará totalmente tu destino por medio de consejos y recetas prácticas que te permitirán alcanzar la nueva existencia que mereces. Si los sigues con fe y constancia podrás ver colmados todos tus deseos, esperanzas y ambiciones, utilizando las energías subyacentes de tu mente para atraer las poderosas vibraciones del Universo.

NO ESPERES MÁS, COMIENZA AHORA MISMO A TRABAJAR PARA TRANSFORMAR TU VIDA

Te ofrecemos una selección de consejos concretos y sencillos de los mejores guías espirituales del presente. Es decir, maestros y orientadores que se encuentran en activo en estos primeros años del tercer milenio, ejerciendo una visión actualizada de toda la sabiduría existente sobre el poder transformador de los pensamientos positivos.

DISPONES DE LOS MEJORES GUÍAS ESPIRITUALES Y MENTALES QUE EJERCEN EN LA ACTUALIDAD

Esta selección es una propuesta abierta, en la que tú puedes probar y escoger los ejercicios que te den mejores resultados o sean más afines a tu personalidad y tus objetivos. De esta forma conseguirás un método a la carta decidido por ti mismo con total independencia y libertad, que son en sí dos cualidades básicas para vivir en plenitud y armonía.

Mundus sensibilis.

Terra

Aqua

Aer grossus

Aer tenuis

Lux seu ignis

Visus

Odoratus

Gustus

Tactus

3.

Aprende a explorar tu mente

Nadie puede revelarte más de lo que ya reposa,
dormido, en el amanecer de tu conocimiento.
Khalil Gibran

*L*as personas utilizan en forma apropiada alrededor de un 10 % de su energía mental. El resto se pierde en pensamientos banales o negativos, y buena parte permanece dormida para siempre. Esas energías subyacentes constituyen un enorme potencial, a la espera de producir las vibraciones positivas que atraigan las cosas buenas que tú esperas de la vida.

Debes aceptar que no conoces tu verdadera mente, y que necesitas explorarla y reconocerla. Sólo de esa forma aprenderás a dominarla y hacer con ella cosas sorprendentes y maravillosas; es decir, las cosas que siempre has deseado que sucedieran, pero que tú mismo has impedido que sucedan. Tal como dice la cita del gran poeta persa, naciste con un conocimiento superior que está dormido, y no hay nadie ni nada más que eso. Pero alguien debe ayudarte a despertarlo. Para ello te explicamos a continuación el proceso para que llegues a conseguirlo.

Analiza tu situación actual

Vera Peiffer, una de las autoras que más éxito obtiene actualmente con sus consejos sobre el pensamiento positivo y las energías mentales, ha elaborado un programa previo que te será de gran utilidad ante la decisión de mejorar y transformar tu vida utilizando la fuerza de tus pensamientos. Se trata de una especie de estudio general, que te ayudará a saber lo que verdaderamente quieres cambiar. Ella lo explica con estas palabras:

Para cambiar tu vida en sentido favorable, necesitarás algo más que el simple conocimiento teórico. Te hará falta poner esas teorías en práctica, lo que significa, claro está, que tendrás que asumir la responsabilidad de tu propio bienestar y dejar de echar la culpa a otros de las cosas desagradables que haya en tu vida.

Después de esta admonición, Peiffer cambia de tono para referirse a las magníficas posibilidades que encierra ese cambio:

A largo plazo, aceptar la responsabilidad de tus actos supone una estrategia victoriosa, ya que abre las puertas a una serie absolutamente nueva de posibilidades de convertirte en un triunfador. Y cuando hablo de triunfos, me refiero a diversos campos, como la salud, el dinero, la felicidad y la realización personal.

Casi no hay límites para lo que se puede lograr, cuando se aplica el esfuerzo mental suficiente.

Vera Peiffer

A continuación presentamos el programa previo que recomienda esta prestigiosa terapeuta y autora, ligeramente adaptado para hacerlo más breve y conciso. Es importante que lo leas con atención y, como dice la propia doctora Peiffer, lo pongas en práctica.

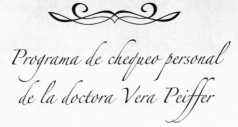

Programa de chequeo personal de la doctora Vera Peiffer

* Asume activamente la responsabilidad sobre ti mismo, tus actos y tus sentimientos. Son tuyos y tú eres la única persona que puede influir sobre ellos. No esperes a que cambie el mundo exterior, porque no lo hará.

* Haz un balance de tu situación presente, examinando cada uno de sus aspectos: salud, finanzas, trabajo, relaciones afectivas, autoestima, etc. ¿Cuáles de esos aspectos te gustaría mejorar?

* Haz una lista de las cosas que deseas cambiar, enumeradas por orden de prioridad. Deberás enfrentarte a ellas una por una, para no dispersar tu esfuerzo mental.

* Considera el primer asunto de la lista: ¿en qué consiste exactamente el problema? Busca establecer cuáles son tus actitudes respecto a la situación, y cuáles los factores externos que entran en juego. Verás que, en la mayor parte de los casos, no es mucho lo que puedes hacer para modificar los factores externos. Por lo tanto, el punto de ataque se encuentra en tus actitudes.

* Fíjate un objetivo, de forma muy precisa. No te digas por ejemplo «me gustaría tener suerte en el trabajo», sino «voy a demostrar que merezco conseguir un ascenso». Y proponte una meta realista: «quiero llegar este año a jefe de sección» es más apropiado que «deseo ser director general». Te será más fácil alcanzar la primera propuesta, lo cual no quita que sea el primer paso para seguir ascendiendo.

* Realiza a conciencia el trabajo básico. El control de tu mente te abrirá muchas posibilidades, pero no hará milagros si tú no

te esfuerzas. Trabaja sobre los aspectos concretos: cuida tu salud y tu imagen personal, aplícate en tus tareas laborales, administra bien tus ingresos, atiende a las personas que amas, etc. Y cuídate de que tu subconsciente no actúe en contra de los deseos y ambiciones que esperas cumplir.

* Elimina de tu mente y de tu vocabulario la expresión «no puedo», porque sólo te pone límites a ti mismo. Si realmente quieres algo, podrás conseguirlo. Recuerda que el que puede, es porque cree que puede.

* Evita las frases negativas. Por ejemplo, no te digas nunca «no tengo miedo» sino, «estoy tranquilo y relajado». La primera frase recuerda a tu subconsciente que existe el miedo y que podrías tenerlo. La segunda, en cambio, refuerza tu sentimiento de seguridad en ti mismo.

* Imagínate alcanzando tu objetivo. Visualiza con frecuencia una imagen del momento en que se ha cumplido tu deseo. Convéncete de que lo que puedes imaginar, también puedes alcanzarlo. Puebla tu mente con escenas de tu nueva personalidad triunfadora, y llegarás a disfrutar de ella.

* Déjate de buscar excusas, y comienza AHORA.

Practica la respiración profunda

La virtud esencial de la respiración es que actúa como transmisora entre el cuerpo y la mente. La oxigenación de nuestro organismo no sólo es imprescindible para mantenernos vivos, sino que nos proporciona un excelente camino hacia lo más profundo de nuestro ser. La energía de la respiración, cuando alcanza la plena dimensión de la conciencia interior, nos permite reconocer nuestras vibraciones mentales, a la vez que refuerza y armoniza nuestro ser en todos sus niveles.

Para la filosofía yoga, nombre que define a una de las seis vertientes filo-sóficas y religiosas ancestrales del hinduismo, existe una relación directa entre la respiración y el estado de ánimo mental. Aún sin ningún esfuerzo físico, cuando una persona está ansiosa, angustiada o asustada, su respiración se hace más rápida, superficial e irregular. Es decir, cuando la mente está agitada se agita también la respiración. Por el contrario, si la mente está serena y sin inquietudes, la respiración es más regular, lenta y tranquila.

No es difícil suponer que si la mente influye en la respiración, ésta a su vez influye en la mente. Como ya sabían hace siglos las religiones orientales, el control de la respiración es la puerta imprescindible para el control mental. Esa puerta es la que abre el camino hacia los pensamientos positivos, las bue-nas vibraciones y el cumplimiento de nuestros deseos.

EL PRIMER PASO ES CAMBIAR LA INTENSIDAD Y EL RITMO DE TU FORMA DE RESPIRAR

El terapeuta naturista y espiritual Peter Ragnar describe en el siguiente párrafo el proceso que cumple la respiración profunda:

Cuando el aire entra en el fondo de las fosas nasales, sobre la base del cere-bro, donde finalizan los nervios olfatorios, la estimulación del primer nervio craneal produce vívidas imágenes mentales. La práctica regular de la respi-ración profunda elimina los factores que distorsionan la comprensión de nuestra conciencia.

Ragnar va aún más allá, afirmando que al respirar atraemos vibraciones de información que no captan nuestros sentidos, y pone como ejemplo las ante-nas de los insectos y el rabo, el pelaje o el plumaje de ciertos animales, que reaccionan al recibir una información no sensorial. ¿Dónde estarían entonces nuestras antenas? El citado autor expone así su teoría:

Supongamos que los finos pelillos de la membrana mucosa nasal sean delicadas antenas que captan las vibraciones electromagnéticas. Sabemos que la información viaja por el planeta por emisiones y recepciones de ondas desde torres y satélites, ¿podemos también nosotros captar información por medio de una antena física y llevarla a nuestro cerebro? ¿Por qué no habría de ser así, cuando los animales, pájaros e insectos lo hacen continuamente?.

Toda información es vibración hasta que el cerebro la procesa como imágenes en nuestra mente.

Peter Ragnar

La conclusión de estas reflexiones nos lleva a considerar que la respiración profunda cumple dos funciones esenciales cuando se conecta con nuestra mente: por un lado, estimula la producción de visualizaciones o pensamientos, y su control consciente. Por otro, nos aporta información extrasensorial que proviene del mundo exterior. Y cuando decimos mundo exterior, debemos incluir en él las vibraciones que proceden de una dimensión cósmica.

LA RESPIRACION PROFUNDA CONECTA TU MENTE CON TU SER MÁS RECÓNDITO Y CON EL COSMOS

Retomemos ahora los consejos de la doctora Vera Peiffer, autora de un método sencillo y práctico para ejercitar la respiración profunda. Se trata de un ejercicio muy conveniente para los principiantes, en tanto combina la relajación con la respiración diafragmática sin mayores complicaciones y en un tiempo breve. He aquí cómo lo presenta Peiffer en su libro *Pensamiento positivo*:

* Adopta una postura cómoda, ya sea sentado o acostado.
* No cruces los brazos ni las piernas, porque eso provoca una tensión física.
* Apoya una mano en el estómago, justo por encima del ombligo.
* Comprueba los principales puntos de tensión, y relájalos conscientemente.

Afloja las mandíbulas, pero sin abrir la boca. Deja caer los hombros. Abre las manos y deja caer los dedos.

* Cierra los ojos y ve tomando conciencia de la posición de tu cuerpo: primero la cabeza, y sucesivamente los brazos, el tronco y las piernas.
* Respira como lo haces normalmente y escucha tu respiración durante diez inspiraciones.
* Empieza a respirar profundamente, llenando antes el vientre y después el pulmón, en una sola inspiración. Controla que primero se eleve la mano que apoyas sobre el ombligo, y luego llena también el tórax.
* Realiza diez de estas inspiraciones profundas, reteniendo el aire mientras cuentas hasta cinco. Después exhálalo.
* Deja que tu respiración se normalice naturalmente.
* Tensa con suavidad los músculos y mientras vuelves a relajarlos, abre los ojos.

Dennis Lewis es uno de los mayores especialistas en respiración profunda, que él llama también respiración auténtica o natural. Prefiere estas denominaciones porque ha advertido que cuando a alguien se le pide que respire profundamente, hunde el vientre y encoge los hombros, que es precisamente lo contrario de lo que hay que hacer. En sus obras asegura que el dominio de la respiración es el factor primordial en el camino del conocimiento de nuestro ser esencial y el substrato físico de la meditación trascendental:

Respirar plenamente es llenarnos de las energías de la vida; literalmente, estar inspirado. Exhalar es vaciarnos, abrirnos a lo desconocido, sentir que algo ha expirado e iniciar un nuevo camino. A través de una profunda atención hacia los cambiantes ritmos del primario proceso de respirar, comenzamos a despertar nuestro poder interior, la energía de la plenitud.

La respiración profunda es fundamental para la salud física y el desarrollo espiritual.

Dennis Lewis

Lewis es un devoto practicante y promotor de los inmensos beneficios que podemos obtener de nuestra respiración. Sus conocimientos de las filosofías orientales le han ayudado a comprender que el acto mismo de respirar es una especie de milagro cotidiano, que nos ofrece infinitas posibilidades de perfección. Dicho en sus palabras:

Durante miles de años, el dominio de la respiración a sido parte integral de la meditación, es decir parte integral de la jornada hacia nuestra propia esencia. Por nuestra respiración, en especial cuando es plena y serena, podemos atraer nuestra mente hacia lo más profundo del extraordinario templo que es nuestro cuerpo.

Ejercicio de Respiración Natural
(Dennis Lewis)

Este ejercicio respiratorio es muy sencillo, pero resulta también muy eficaz. Si le dedicas unos 15 minutos cada día, durante varias semanas, notarás sus beneficios tanto en tu cuerpo físico como en tu psiquis.

* Siéntate en el suelo o en una silla, con la espalda recta y las piernas cruzadas en posición «flor de loto». Si no estás cómodo en esa postura, simplemente apoya los pies en el suelo con las piernas flexionadas en ángulo recto. Si estás sentado en el suelo, estíralas hacia delante de forma natural, ligeramente entreabiertas. En cualquier caso, cuida de mantener la espalda recta.
* Cruza las manos sobre tu regazo o ponlas en las rodillas, con las palmas hacia abajo. Siente el peso de tu cuerpo sostenido

por el universo y percibe la sensación de que alcanzas la plena conciencia de sus partes y sus funciones vitales.

* Comienza a seguir tu respiración mentalmente, mientras inhalas y exhalas. Toma conciencia de ese ritmo, que te llevará a respirar con plenitud. Con la inhalación, percibe la temperatura y la vibración del aire, en su recorrido de la nariz a las fosas nasales, la garganta, la traquea y, finalmente, los pulmones. Al exhalar, sigue el recorrido inverso del aire que vuelve al aire. No manipules ni alteres tu respiración, déjala fluir naturalmente durante por lo menos cinco minutos.

* Sin perder la conciencia de los flujos respiratorios, frota varias veces tus manos una con la otra, para calentarlas, ponlas sobre el ombligo, y siente el interior de tu vientre. Percibe cómo el calor y la energía de tus manos influyen en la respiración. Cuando inhalas, tu vientre se expande; cuando exhalas, tiende a aplanarse.

* A medida que te haces más consciente de esos movimientos respiratorios, comienzas a experimentar una concentración de energía en lo profundo del vientre, a la altura de 3 a 6 cm por debajo del ombligo. Durante la inhalación, sientes que esa energía llena todo el vientre y el espacio toráxico; al exhalar, la energía se concentra en una fuerza más compacta.

* Disfruta de esta generación de energía en tu interior durante varios minutos. Cuando decidas parar, concédete un par de minutos más para sentir que las células de tu vientre y tu espina dorsal absorben esa energía, o parte de ella. Luego dirige tu mente a la representación de tu ser sentado allí, respirando.

* Al terminar el ejercicio, sentirás tu cuerpo más relajado y tu mente más serena y abierta. Tal como un auténtico «ser respirante».

CON SÓLO 15 MINUTOS DIARIOS DE RESPIRACIÓN NATURAL PUEDES LLENARTE DE NUEVAS ENERGÍAS

Como ya hemos visto, la respiración profunda es uno de los aspectos fundamentales de la práctica del yoga. Su objetivo es la integración del individuo con el todo; y para lograrlo, el Yoga trabaja conjuntamente sobre el cuerpo, la mente y el espíritu, con el fin de conjugarlos para alcanzar la plenitud. Se cree que su práctica, basada en posturas corporales, técnicas de meditación y ejercicios respiratorios, se inició hace más de 5.000 años.

> *Inhala, y Dios se acerca a ti.*
> *Mantén la inhalación, y Dios permanece contigo.*
> *Exhala, y tú te aproximas a Dios.*
> *Mantén la exhalación, y te entregas a Dios.*
>   **Krishnamacharya**

El llamado *hata yoga* es la forma más conocida y difundida en Occidente de esta doctrina hindú cuerpo-mente. Su técnica de respiración, el *pranayama,* comprende tres etapas relacionadas con otros tantos ámbitos de nuestra cavidad corporal: abdominal, costal y clavicular.

Método yoga pranayama

Para ensayar estos ejercicios lo mejor es ponerse cómodo y relajado, ya sea en la cama o en una manta en el suelo, con los ojos cerrados. Cuando hayas adquirido cierta experiencia, podrás practicarlos en cualquier situación y lugar.

1. Respiración abdominal
* *Inspiración:* recoge el aire lentamente, dirigiéndolo primero al abdomen. Notarás que éste se hincha por la presión del aire sobre el diafragma.
* *Espiración inicial:* espira a fondo varias veces, en forma lenta y prolongada, tratando de expulsar todo el aire de tu interior.

❋ *Espiración profunda:* después de varios ejercicios, notarás que inspiras más profundamente y que la respiración se centra en el abdomen; entonces, al espirar, emite en voz alta el sonido del mantra «OM» (primero la vocal: OOOO..., y al final, MMMM); esto te ayudará a que la espiración sea más lenta y continua, al relajar la caja torácica y la zona abdominal.

2. Respiración costal

❋ *Preparación:* conviene practicar este ejercicio sentado y bien relajado, para poder vaciar bien los pulmones y contraer el abdomen.

❋ *Inspiración:* mantén el abdomen contraído e inspira lentamente; notarás que el aire llena tus pulmones y las costillas se expanden, abarcando la zona costal; es necesario un esfuerzo mayor que para la respiración abdominal.

❋ *Espiración:* deja escapar el aire en forma lenta y continua; notarás que primero se vacía la zona costal y luego todo el pulmón; contrae despacio el diafragma para expulsar el resto de aire en el abdomen.

3. Respiración clavicular

❋ *Preparación:* sentado y relajado, contrae lo más posible los músculos del abdomen y el tórax, incluso oprimiéndolos con las manos.

❋ *Inspiración:* alza las clavículas, echando atrás los hombros; mantén la presión sobre el tronco e inspira despacio todo el aire que puedas; verás que no es mucho, pero su ubicación propicia la sensación de plenitud en la respiración.

❋ *Espiración:* deja salir lentamente el aire, y luego relaja la presión muscular sobre el tronco, para expulsar posibles restos alojados en el vientre.

4. Respiración completa

Se trata de combinar los tres ejercicios anteriores, con el fin de limpiar y fortalecer tu organismo y estimular tu energía mental. En este caso, debes comenzar por la espiración:

❋ *Espiración profunda:* vacía completamente tus pulmones, oprimiendo primero el vientre y luego el pecho.

❋ *Inspiración sucesiva:* recoge lentamente aire, relajando el diafragma para llenar primero la zona ventral; luego expande el pecho para colmar el área costal; y finalmente levanta las clavículas para añadir algo más de aire en los espacios superiores; después, retén un momento el aire, y luego déjalo salir despacio en sentido inverso.

UNA RESPIRACIÓN COMPLETA Y PROFUNDA
FACILITA LA RELACIÓN CUERPO-MENTE

Respiración y buena salud

Un beneficio directo de la respiración profunda es su influencia para mantener la salud de nuestro organismo. El diafragma esta ligado alrededor de parte baja de la caja torácica, y posee prolongaciones que descienden a las vértebras lumbares. En el movimiento respiratorio profundo, el diafragma baja al inspirar, masajeando el hígado, el estómago y otros órganos y tejidos ventrales. Luego, en la espiración, asciende para masajear el corazón.

Al mismo tiempo, los movimientos de expansión y retracción del abdomen y la caja torácica, ayudan a masajear y desintoxicar nuestros órganos internos, promueven la circulación sanguínea y la función peristáltica, e impulsan con más eficacia la linfa en el sistema linfático.

La fórmula para reducir cualquier tensión es una buena respiración profunda.

Byron Nelson

Ejercita tu concentración

El instrumento básico indispensable para el dominio de tu energía mental es la concentración. Todos los estudiosos y maestros del mentalismo, en sus distintas formas, han dedicado una gran cantidad de tiempo, reflexión y expe-

riencias a este importante aspecto del control del pensamiento, para permitir que actúe la Ley de Atracción.

Tanto los guías del pensamiento positivo como las investigaciones médicas en neurología y psicología, han comprobado que la gran mayoría de las personas emplean unos niveles de concentración bastante bajos. Es probable, entonces, que tu capacidad de concentración sea mucho mayor que la que utilizas habitualmente. Debes por lo tanto aprender y practicar las técnicas de concentración profunda, porque con ellas sentirás manifestarse tu poder mental. Un axioma común entre los mentalistas dice que «el poder de concentración mental de una persona, es en gran medida la dimensión de su grandeza».

APRENDER A CONCENTRARTE ES EL PRIMER PASO INDISPENSABLE PARA DOMINAR TU MENTE

«Concentrarse es focalizar directamente nuestras facultades mentales conscientes sobre un objeto único, sin ningún tipo de distracción.» Esta definición del psicólogo Waldo Vieira describe con sencillez el sentido del proceso de concentración. Es claro que cuando él dice «objeto único», se refiere no sólo a cosas materiales, sino también a objetos virtuales, imágenes, ideas o, como veremos más adelante, visualizaciones de nuestros deseos. Y lo explica así:

En realidad, una persona que quiere proyectar su conciencia, no necesita otra cosa que el poder determinante de su deseo. Éste llega a ser inevitable y no puede ser sustituido en las acciones inteligentes de la mente consciente.

Es posible que pienses que te será muy fácil eso de concentrarte en una imagen mental, y mantenerla fijada con firmeza. Incluso puedes creer que ya lo has hecho muchas veces, por ejemplo imaginando el rostro de una persona que quieres o un lugar que deseas visitar. Pero esas son experiencias parciales e incompletas si las comparamos con el verdadero dominio de la concentración mental. Prueba a repetirlas manteniéndolas durante cinco minutos, sin ningún tipo de imágenes asociadas, distracciones o interrupciones. Verás que, en realidad, es muy difícil y lo más probable es que no lo consigas.

Esto es así porque nuestra mente suele ser incansable en su divagar de una cosa a otra, o en pensar en varias a la vez. Su atención es reclamada constantemente por nuevas atracciones, y a menudo escoge entre ellas al azar. Muchos de los que dicen ser capaces de concentrarse fácilmente, en realidad se dejan llevar por pensamientos que los envuelven y les hacen olvidar cualquier otra cosa, en especial mientras cumplen una tarea rutinaria o asisten a una conversación que no les interesa. Eso no es concentración mental, sino simples ensoñaciones. Es decir, quienes las experimentan sueñan despiertos, sin esfuerzo alguno por controlar y dirigir las vibraciones de su mente hacia pensamientos positivos.

CONCENTRARSE NO ES SOÑAR DESPIERTO SINO FOCALIZAR NUESTRO PENSAMIENTO

El elemento fundamental de la concentración es la capacidad de atención, y ésta a su vez depende básicamente de tu voluntad, es decir, de tu dedicación a ejercitar esa facultad de la mente, incluso en el ámbito de tu vida cotidiana. Desde luego tú ya utilizas tu atención en diversas situaciones que la requieren: cuando estudias o lees una noticia importante, cuando ves un filme o una serie televisiva de intriga, cuando realizas una tarea difícil o practicas una afición complicada, y en todas aquellas situaciones que no admiten descuidos, incluyendo el atravesar una calle sin semáforos.

En esos casos prestas atención espontáneamente, casi sin intervención de tu conciencia, porque tu mente está preparada y entrenada por la experiencia para reaccionar de esa forma. Los niños, que no han adquirido aún la experiencia y destreza mental de un adulto, suelen ser más distraídos y no mantienen su atención en algo por mucho tiempo. Pero esa atención, digamos natural, no es suficiente para la adquisición de una concentración profunda. Los guías y monitores del mentalismo, tanto oriental como occidental, aconsejan realizar ejercicios para desarrollar la atención como paso previo a la práctica de la concentración. He aquí algunos ejemplos:

Ejercicios de atención

* *En la calle.* Detente en una esquina, observa los edificios de la acera opuesta, y escoge uno en particular. Obsérvalo detenidamente, desde el portal al tejado, fíjate si hay locales en los bajos, cuenta los pisos y las ventanas o balcones, descubre si contienen objetos o adornos (rejas, plantas, flores, objetos domésticos, etc.), estudia todos los detalles arquitectónicos, las molduras de la fachada, la forma y tamaño de la puerta, etc. Luego cierra los ojos e intenta reconstruir mentalmente ese edificio.

* *Escuchando música.* No importa que oigas la música en un concierto en directo, en una grabación o incluso por la radio. Tampoco el género musical escogido. Lo que interesa es que intervengan varios ejecutantes, y que la escucha pueda durar entre 5 y 7 minutos. Elige uno de los instrumentos y focaliza totalmente tu atención en sus intervenciones a lo largo de la pieza musical. Por ejemplo, el bajo en un tema de jazz, los violonchelos en una sinfonía o la batería en un concierto de rock.

  Esta práctica te ayudará a desarrollar tu atención auditiva, que puede jugar un importante papel en determinados trabajos de concentración y visualización.

* *Viendo un partido.* Puede ser un encuentro de cualquier deporte de equipo (fútbol, baloncesto, hockey, balonmano, etc.). Es mejor que no te interese mucho el desarrollo general del partido, porque lo que debes hacer es prestar atención a un solo jugador. Tienes que seguirlo constantemente, intervenga o no en las jugadas, e incluso cuando permanezca quieto. No se trata de juzgar su desempeño, sino de que no lo pierdas de vista en ningún momento.

  Procura mantener este ejercicio durante 10 a 15 minutos, e ir aumentando ese tiempo paulatinamente en sesiones posteriores.

Estas propuestas son sólo ejemplos de ejercicios que se recomiendan en escuelas y centros de mentalismo. Tú puedes inventar otras que se adapten a tus circunstancias y tu estilo de vida. La condición es que puedas practicarlas con facilidad y en cualquier momento, dos o tres veces por día.

El talento no significa nada, sin una profunda atención.

Helvetius

Aprovecha bien tu Oportunidad

 Un mentalista bien entrenado puede concentrarse en un tema o un objeto con sorprendente intensidad. Está completamente absorto en ese pensamiento, y ajeno a cualquier otra cosa en el mundo. Pero una vez que ha cumplido su propósito o ha vencido el tiempo establecido, puede apartar su mente del asunto, sintiéndose perfectamente fresco y disponible para emprender otras tareas.

Esto es así, y en tu caso no puede ser de otra manera. Si crees que la práctica de la atención, la concentración y la visualización puede interferir en tus actividades o en tu vida de relación, será porque tu formación ha sido errónea o incompleta. Por el contrario, si haces lo que debes hacer y como tienes que hacerlo, el dominio de tu mente y sus vibraciones positivas impulsará una mejora trascendental en todos los aspectos de tu vida.

PUEDES ENSAYAR TU CONCENTRACIÓN
EN MOMENTOS DE TU VIDA COTIDIANA

Aunque puedas seguir repitiendo algunos ejercicios de atención y concentración como ensayos previos a una práctica sistemática y regular de concentración profunda, llegará un momento en que te sientas dispuesto a comenzar seriamente con esa práctica. De todas formas no es conveniente que te apresures, porque la prisa, aparte de ser un síntoma de ansiedad negativa, puede llevarte a cometer errores y desandar el camino ya recorrido. De modo que lo mejor es iniciar este nivel de ejercicios cuando te sientas bien seguro... Aunque, si tienes un tropiezo, tampoco será el fin del mundo.

Peter Kummer, un reconocido experto en visualización, insiste en la importancia de la ejercitación y la práctica, pero sin dramatizar posibles fracasos iniciales. Y lo explica con una buena analogía:

Tal como se traga alguna vez agua cuando aprendemos a nadar, cabe esperar también cometer algunos errores y desaciertos cuando comenzamos a aplicar el pensamiento positivo. Pero como ocurre con todas las cosas de la vida, esos 'tropezones' tan sólo contribuyen a nuestro proceso de aprendizaje, y con el tiempo ayudarán a aumentar nuestro nivel de experiencia.

De su propia experiencia, abundante y exitosa, Kummer extrae la conclusión que justifica dedicar nuestro tiempo y esfuerzo al empleo positivo de nuestra mente:

Realmente existen leyes y mecanismos de desarrollo mentales que nos pueden ayudar a dirigir con facilidad nuestra vida hacia la salud, la buena suerte, el éxito, el amor, la armonía y el bienestar económico. Tú puedes conseguir todo esto, y hacer que dure de forma permanente.

Sólo se puede aprender algo bien, practicándolo.
Peter Kummer

Para que puedas desarrollar tus primeras prácticas de concentración profunda, hemos seleccionado para ti dos programas o sistemas. Ambos son de sencilla ejecución y de comprobada eficacia, y se cuentan entre los más practicados en los centros de pensamiento positivo y meditación profunda. Puedes escoger entre uno u otro, o practicar los dos alternativamente. Ya sabes que nuestro deseo es que tengas la mayor libertad de elección, para que puedas transformar tu vida desde tu propia personalidad y voluntad.

Vamos ahora a describir el primer sistema, basado en la visualización de números y objetos:

Método numeral de concentración

* Sentado y relajado, cierra los ojos e intenta visualizar el número 1. Cuando lo veas claramente, pronuncia en tu mente la palabra «uno». Borra el 1 y pasa a visualizar el número 2, pronunciando luego mentalmente la palabra «dos». Continúa con los números siguientes, hasta comprobar que dominas este ejercicio sin dificultad.

* Escoge un punto en la pared que tienes enfrente, concéntrate en él y mantén la mente totalmente en blanco, atendiendo sólo a tu respiración. Ve contando cada exhalación, y continúa haciéndolo todo el tiempo que puedas.

* Cierra nuevamente los ojos. Borra todo pensamiento de tu mente y repite el ejercicio anterior de contar las exhalaciones, respirando con el diafragma a un ritmo normal.

* Coloca un objeto pequeño (una moneda, un lápiz, un caramelo, etc.) frente a ti. Concéntrate en él mientras vas relajando cada músculo de tu cuerpo. Observa su forma, color, volumen, consistencia, etc., sin distraer tu atención. Entonces cierra los ojos y trata de visualizar el objeto, reproduciendo en tu mente todos los detalles que has observado.

Lo más importante en estos ejercicios es mantener la mente clara. Si de pronto comienzas a divagar, suspende el ejercicio, tómate un respiro, y comienza de nuevo.

NO PERMITAS QUE NADA DISTRAIGA
TU MENTE DURANTE LOS EJERCICIOS

En el ejercicio anterior recomendamos algún objeto pequeño como punto de atención para conseguir la concentración. En el siguiente vas a utilizar una vela, o mejor dicho la llama que luce cuando está encendida. Para los místicos antiguos la vela era una metáfora del ser humano: la base de cera representaba el cuerpo físico, la mecha o pabilo la mente, y la llama el espíritu o el alma. De allí el reconocido poder y simbolismo que le han otorgado a las velas todas las filosofías y tendencias esotéricas.

Gerina Dunwich, una bruja moderna y científica, lo resume con las siguientes palabras:

> *La danzante llama de las velas irradia un poder místico. Durante siglos, las brujas y los magos se han servido de ella como instrumento creador de la atmósfera apropiada para sus hechizos, o para la meditación y la adivinación, desterrando así la hostilidad. El empleo de las velas en los rituales mágicos simboliza también la creación de la luz en medio de las tinieblas.*

Por otra parte, una luz brillando en la oscuridad es siempre un referente cósmico, un punto de atracción para la mirada, una guía para el caminante nocturno. En las técnicas del mentalismo cumple ese mismo papel, atrayendo y concentrando las mejores vibraciones de nuestra mente. En cierto modo es como si su llama ondulante y ambarina ejerciera un poder hipnótico que pone en marcha la ley de la atracción.

Ejercicio de concentración con una vela

El maestro Waldo Vieira, al que ya hemos citado antes, adaptó y reunió algunas técnicas tradicionales para elaborar el siguiente ejercicio:

* *Preparación.* Ponte ropas amplias y ligeras, sin cinturones, elásticos, u otros aditamentos que opriman tu cuerpo. Busca una habitación aislada y tranquila, sin ruidos externos, y escoge un momento en que nada pueda perturbar ni interrumpir tu ejercicio.

* *La vela maestra.* Coloca una vela blanca de tamaño mediano en un candelero, y sitúala en un rincón de la estancia. Enciéndela y apaga cualquier otra luz.

* *Posición relajada.* Siéntate en un sillón o una silla confortable, a unos 3 metros de la vela encendida. Mantén la espalda recta y apoya las manos sobre los muslos.

* *Concentración.* Mira fijamente la llama de la vela, sin distraerte, sigue sus leves oscilaciones, observa su color, hasta sentir que sólo existe esa llama en todo el mundo que te rodea.

* *Repetición.* Repite este ejercicio diariamente, o por lo menos tres veces por semana, hasta comprobar que lo dominas sin ningún fallo.

> *En la meditación profunda, el flujo de concentración es tan continuo como el flujo del petróleo.*
>
> Patanjali

Rechaza los pensamientos negativos

Una vez que has practicado todos los ejercicios anteriores hasta llegar a dominarlos, es la hora de comenzar a trabajar sobre tus pensamientos, reconociéndolos y analizándolos. El fin de esta tarea es limpiar tu mente de todas las ideas negativas, miedos o represiones, que pueden bloquear la transformación vital que te propones.

En realidad estamos pensando casi todo el día; en gran medida para atender a lo que estamos haciendo, diciendo, escuchando o leyendo. Pero aparecen también pensamientos que fluyen más o menos espontáneamente, cuan-

do la mente puede divagar por una galería de imágenes, recordar situaciones pasadas, anticipar lo que puede ocurrir en el futuro. Esos pensamientos vagarosos y casi inconscientes serán en esta etapa el campo que debes investigar.

LIMPIA TU MENTE DE LOS PENSAMIENTOS QUE PUEDEN BLOQUEAR TU CAMBIO POSITIVO

Marty Varnadoe Dow, aplicada seguidora de James Allen y de su libro *As a Man Thinker* (Como un hombre pensador), divide los pensamientos en tres grandes categorías: lo que sé hacer y sé que hacen los demás, o pensamientos de acción; lo que deseo y ambiciono, o pensamientos positivos; y lo que me perjudica y no quiero, o pensamientos negativos. Y lo ilustra con el siguiente ejemplo:

Supongamos que vas a someterte a una operación quirúrgica. Si piensas en la suerte que tienes al estar en manos de un buen cirujano, tienes un pensamiento positivo. Si repasas lo que sabes sobre la preparación del quirófano y el equipo quirúrgico, se trata de un pensamiento de acción. Si te preocupas por lo que puede salir mal en ese tipo de cirugía, tienes un pensamiento negativo.

Los pensamientos negativos no sólo dificultan y cuestionan los pensamientos positivos, sino que también inhiben y paralizan los pensamientos de acción. Mucha gente cree que imaginar todas las desgracias que pueden ocurrirle, es una forma de prevenirlas. En realidad lo que deberían pensar no es en su eventual sufrimiento como víctimas, sino en la forma de reaccionar para no sufrir daño. Por ejemplo, si conduces subiendo una pendiente detrás de un camión grande y pesado, de nada te valdrá imaginar que el camión cae hacia atrás y aplasta tu coche. Te será más útil visualizar las maniobras que deberías realizar para evitar el choque o reducir sus consecuencias, y sobre todo confiar en tus reflejos como conductor.

Se trata pues de que reconozcas tus pensamientos negativos, y los expulses de tu mente para dar lugar a nuevos pensamientos positivos, que serán esenciales para emitir vibraciones favorables al logro de tus deseos y ambiciones. Varnadoe Dow nos dice al respecto lo siguiente:

Tú no eres tus pensamientos, que son sólo una actividad de tu mente. Tienes el derecho y la responsabilidad de elegirlos. Tus pensamientos reflejan perfectamente las normas y creencias enraizadas en lo profundo de tu mente, pero no son tu profunda identidad. En algún momento de tu vida has aceptado unos sistemas de ideas que son los que dan forma a tus pensamientos. Tú puedes cambiar tus ideas inadecuadas que emiten pensamientos negativos.

La paradoja es que el proceso suele ser a la inversa. Sólo ahuyentando tus pensamientos negativos y reemplazándolos por otros positivos, podrás adquirir un nuevo sistema de ideas y normas que te permita transformar tu vida. El primer paso es, entonces, identificar qué pensamientos son negativos en el constante fluir de tu mente.

Los pensamientos son una herramienta vital para cambiar la realidad que experimentamos.

Marty Vernadoe Dow

Una de las formas de expresar los pensamientos es por medio de frases que nos decimos a nosotros mismos. Palabras que resumen nuestro estado de ánimo o nuestra opinión, y que nos sirven para tener presente ese pensamiento e, inevitablemente, reafirmarlo. Ésta es la mejor forma de anclar en nuestra mente los pensamientos negativos y lo primero que uno debe rechazar, como si fueran conjuros maléficos que nos dirigimos a nosotros mismos. El experto en dinámica mental Christian H. Godefroy ha elaborado una excelente lista de ese tipo de frases mentales, como por ejemplo: no puedo, no debería, voy a fracasar, no soy afortunado, siempre me equivoco, no es para mí, soy demasiado viejo, si nunca tuve éxito, ¿por qué iba a tenerlo ahora?, nadie me ama... La receta que propone Godefroy es dar la vuelta a esta clase de pensamientos. O sea, cambiarlos por palabras y expresiones tales como *puedo, debo, triunfaré, tengo suerte, estoy en lo cierto, todavía soy joven, soy agradable, valgo mucho,* etc. Si esto te parece sólo un sistema para reforzar la autoestima, quizá te equivocas. Aunque sin confianza en ti mismo no irás a ninguna parte, el pensamiento positivo va mucho más allá de un simple masaje a tu ego.

RECONOCE TUS PENSAMIENTOS NEGATIVOS
POR LAS FRASES INTERNAS QUE LOS EXPRESAN

El pensador indio Anil Bhatnagar, experto en reiki, recomienda técnicas semejantes para transformar los pensamientos negativos en su contrapartida positiva. Su primer consejo es no comprometernos con nuestros pensamientos, no dejarnos atrapar por ellos. En esta etapa inicial es muy posible y natural que esto te ocurra. Lo que debes hacer en estos casos es interrumpir rápidamente el ejercicio, poner la mente en blanco o, simplemente, distraerte en otra cosa durante unos minutos. Luego recomienza el análisis de tus pensamientos, siempre con la actitud de un observador objetivo. Bhatnagar desarrolla así esta idea:

No permitas que tus pensamientos te perturben. No los condenes ni los justifiques. No trates de controlarlos. Sólo obsérvalos. Después de un tiempo, podrás identificar y conocer tus pensamientos negativos. Entonces concéntrate en reemplazarlos por todos los pensamientos positivos que se te ocurran, de modo que puedas desarrollar actitudes más positivas sobre ese tema.

Tu amigo Sol

 Si encuentras en tu mente pensamientos negativos que se resisten a ser reemplazados o eliminados, puedes aplicar este recurso que aconseja Bhatnagar: «Imagina un gran sol irradiando una poderosa luz. Usa sus rayos mentales para destruir tus pensamientos, emociones o imágenes negativas en cuanto las detectes en tu mente. Considera ese sol como un arma siempre alerta para cazar automáticamente los pensamientos indeseables, eliminarlos con un rayo y replegarse. No olvides imaginar que tu sol mental es tu leal amigo, totalmente atento a tus deseos».

Es recomendable que lleves una especie de diario de tu mente, una libreta o documento informático, donde apuntes los pensamientos que has producido durante el día. Te ayudará el recordar lo que has dicho hablando con otros, lo que has reflexionado para ti mismo o las imágenes e ideas que te han surgido espontáneamente. Para Bhatnagar es muy importante recordar y analizar las conversaciones que has sostenido, los pensamientos que has tenido al intervenir en diálogos, discusiones, reuniones, etcétera. ¿Resultaban esenciales? ¿Cuál era su propósito? ¿Servía la conversación para ese fin? Si no servía, ¿por qué? ¿Utilizaste palabras precisas, apropiadas, adecuadas y positivas? ¿Te has sentido conforme o satisfecho después de esa conversación?

Desde luego puedes hacerte estas mismas preguntas sobre tus reflexiones o elucubraciones, o sobre los pensamientos espontáneos que has tenido durante el día. Este maestro hindú recomienda preguntarte si te es posible encontrar formas de mejorar en positivo los pensamientos que empleas al reflexionar o al hablar con los demás. E insiste en que debes hacerlo de inmediato, apenas has reconocido tus palabras o ideas negativas, sin dejarlo para un análisis posterior.

Analiza tus pensamientos sin identificarte con ellos, como un observador imparcial.

Anil Bhatnagar

Supera el miedo y los temores

El miedo es una reacción natural de nuestro organismo, un poderoso sentimiento biológico ante un riesgo o peligro, tanto real como imaginario. Responde a una primaria función defensiva y de supervivencia, que nos lleva a evitar esos peligros o a escapar de ellos. Su presencia es una importante ventaja cuando la amenaza es real, pero totalmente negativa cuando se trata de miedos imaginarios.

Las consecuencias más frecuentes del miedo son la ansiedad, que exaspera nuestro sistema nervioso, y la angustia, un sentimiento de opresión y tristeza con tendencia a hacerse recurrente si adopta el carácter de manía depresiva. En gran parte de los casos los motivos que desencadenan esos miedos son irreales o exagerados, y seguramente no tan graves como los imaginamos. Si permitimos que nos invadan, debilitamos nuestra salud y nuestra resistencia a los pensamientos negativos. De hecho, pueden convertirse en la principal barrera mental a la elaboración de pensamientos beneficiosos y positivos.

Ya en el siglo XVII, el gran William Shakespeare, uno de los talentos de mayor intuición y sensibilidad psicológica de la historia, puso en boca de uno de sus personajes la siguiente frase: «De lo que tengo miedo es de tu miedo».

Aunque tenga miedo, hágalo igual es el desafiante título que lleva uno de los mayores superventas mundiales sobre este tema, cuya autora es la psicóloga estadounidense Susan Jeffers. Ella misma confiesa en su «Introducción» que fue una persona dominada por el miedo y por el temor a cambiar sus pensamientos:

«Cuando yo era más joven, me gobernaba siempre el miedo. De modo que no debe sorprender el hecho de que, durante años, me haya aferrado a muchas cosas de mi vida que, a todas luces, no me favorecían. En parte, mi problema era la incesante vocecita que, dentro de mi cabeza, seguía diciéndome: 'Será mejor que no cambies la situación; eso no es para ti; nunca lo harás por ti misma; no corras riesgos; podrías cometer un error... ¡Lo lamentarás!'».

Si te sientes identificado con la joven Susan de este relato, ya sabes que tendrás que esforzarte para liberarte de las ataduras del miedo que impiden que tu mente acepte cambiar. Jeffers no nos propone suprimir el miedo, sino reconocerlo, analizar sus causas y los pensamientos negativos que las provocan. Es decir, aprender a convivir con él; aceptarlo para poder enfrentarlo, según reza el expresivo título de su obra.

Alguien ha dicho que los héroes de guerra se lanzan a sus valientes hazañas porque ya no pueden aguantar su propio miedo. Susan Jeffers no cree en esa intempestiva reacción, sino en un proceso consciente de reeducación de nuestra mente:

Aunque la incapacidad para enfrentarse con el miedo pueda parecer y sentirse como un desequilibrio psicológico, en la mayoría de los casos no es así. Creo que se trata, sencillamente, de un problema educacional, y que al reeducar la mente, uno puede aceptar el miedo como un simple hecho de la vida, más que como un obstáculo para el éxito.

A partir de esta convicción la doctora Jeffers comenzó a leer, a asistir a talleres de formación, a hablar y discutir con personas autorizadas. Siguiendo sus consejos y sugerencias, llegó a elaborar un método para «desaprender» el pensamiento que la hacía prisionera de sus inseguridades. Según su propio relato, comenzó a ver el mundo como un lugar menos amenazador y más alegre, y pudo experimentar el sentimiento del amor por primera vez en su vida.

EL SECRETO CONSISTE EN ASUMIR EL MIEDO
Y HACER LAS COSAS DE TODOS MODOS

De acuerdo al sistema de Susan Jeffers, el miedo puede dividirse en tres niveles. A su vez, los miedos del primer nivel se dividen en dos categorías: miedo a las cosas que suceden, y miedo a las cosas que exigen una acción del sujeto. Veamos una lista de ambas, necesariamente incompleta:

Los miedos del nivel 1

Cosas que suceden:
* Envejecimiento
* Incapacidad
* Jubilación
* Soledad
* Los hijos dejan el hogar
* Catástrofes naturales
* Crisis económica
* El cambio
* La muerte
* Atentados, violencia
* Una enfermedad, un accidente
* Perder un ser querido
* Un atraco
* Una violación

Cosas que exigen acción:
* Tomar decisiones
* Cambiar de trabajo o de profesión
* Hacer nuevas amistades
* Volver a estudiar
* Comenzar o finalizar una relación

* Hablar por teléfono
* Bajar de peso
* Ser entrevistado
* Hablar en público
* Conducir vehículos
* Tener relaciones sexuales
* Cometer un error

Una de las características más insidiosas del miedo es que tiende a impregnar muchos sectores de nuestra vida. Por ejemplo, si tenemos miedo a hacer nuevas amistades, resulta lógico que también temamos ir a fiestas, solicitar empleo, tener relaciones sexuales, etc. Esto resulta más claro si se observa la lista del segundo nivel del miedo. Este nivel no responde a determinadas situaciones, sino que involucra a la personalidad del sujeto, a la integridad de su yo íntimo. Veamos algunos de esos miedos, apuntados por Susan Jeffers:

Los miedos del nivel 2

* Al rechazo
* Al fracaso
* Al éxito (más frecuente de lo que se piensa)
* A la propia vulnerabilidad
* A sentirse engañado
* A la impotencia
* A la desaprobación
* A la pérdida de imagen

El miedo del nivel 3

Para la autora de las listas anteriores, este nivel 3 tiene una sola categoría, que los incluye a todos. El padre de todos los miedos es el temor a no poder afrontar y controlar el miedo. La única línea de la lista del nivel 3 es por lo tanto la siguiente:

* ¡No puedo manejarlo!

En otras palabras, no puedo afrontar la soledad; no puedo afrontar el hecho de envejecer; no puedo afrontar el fracaso; no puedo afrontar las responsabilidades del éxito...

> *En el fondo de cada uno de tus miedos está simplemente el miedo.*
>
> Susan Jeffers

La forma de enfrentarte a todos tus miedos no es pretender controlar los aspectos externos de la situación, las actitudes y acciones que pertenecen al mundo exterior a ti mismo, que en realidad no puedes manejar. No se vence al miedo controlando lo que hace o dice tu pareja, tus hijos, tus amigos, tu jefe o tus compañeros. No superarás tus temores imaginando lo que sucederá en una entrevista, en un examen, en tu nuevo empleo, o lo que ocurrirá con tu dinero. Por el contrario, sólo conseguirás aumentar tu ansiedad, ya que son aspectos que escapan a tus posibilidades de control. Déjalos fluir normalmente, y verás que sientes un enorme alivio. Tomemos una última cita de la obra de Susan Jeffers:

> *Lo único que debes hacer para disminuir tu miedo, es aumentar la confianza en tu capacidad de afrontar todo lo que se cruce en tu camino. Si te convences de que puedes afrontar cualquier cosa que se interponga en tu camino, ¿qué tendrías que temer? La respuesta evidentemente es: ¡NADA!.*

NO DEBES INTENTAR VENCER EL MIEDO CONTROLANDO LOS FACTORES EXTERNOS

El matrimonio formado por los psicólogos James y Constance Messina ha dedicado más de treinta años a estudiar los efectos del miedo, y sus consecuencias en distintos aspectos de nuestra vida. Durante su periplo profesional han tratado miles de casos, con una técnica propia que se basa en los principios de la psicología conductista. Su enfoque básico consiste en objetivar los miedos, por ejemplo apuntando en un diario los que hemos sentido cada día, para luego comprobar cuáles son más constantes y reiterados en el tiempo, y cuáles sólo circunstanciales.

Una vez que has registrado los miedos más activos y constantes en tu vida, debes pasar a un proceso de clasificación y análisis, que los doctores Messina describen paso por paso:

Paso 1

Una vez que has hecho la lista de tus miedos, ordénalos por orden de importancia decreciente, colocando en primer término el que te afecta con mayor intensidad.

Paso 2

A partir de ese *ranking* de tus miedos, explora tu nivel de motivación para enfrentarte a ellos, respondiendo por escrito a las siguientes preguntas:

* ¿Cuán reales son para mí estos miedos?
* ¿Cómo influyeron en actitudes pasadas o actuales en mi vida?
* ¿Cómo determinan la imagen, concepción y estima de mí mismo?
* ¿En qué sentido me debilitan?
* ¿En qué cosas me inhiben?
* ¿Qué emociones me bloquean?
* ¿Cuánto hace que tengo estos miedos?
* ¿Estoy realmente convencido de que quiero superarlos?

Paso 3

Una vez que has explorado tus motivos para enfrentarte a tus miedos, convéncete de la necesidad de vencerlos. En una hoja aparte, responde a las siguientes preguntas:

* ¿Cómo influyen esos miedos en la toma de tus decisiones?
* ¿Cómo exacerban tus sentimientos de inseguridad?
* ¿En qué medida te impiden hacer cambios en tu vida?
* ¿Cómo influyen en tu respuesta a la oferta de ayuda por parte de otros?
* ¿Hasta qué punto te mantienen atado y cerrado en ti mismo?
* ¿Cómo han influido en tu formación, profesión y objetivos laborales?
* ¿Contribuyen a que experimentes actitudes autodestructivas?

Paso 4

Cuando ya has definido y catalogado la influencia de los miedos en tu vida, vuelve a la lista original y disponte a enfrentarlos uno por uno, comenzando por el más perjudicial y arraigado en tu mente.

Paso 5

Para ahuyentar esos miedos emplea el sistema que hemos bautizado como «stop», cuyo proceso te explicamos en el recuadro que viene a continuación.

Método Stop contra el miedo

Para estos ejercicios, es necesario que prepares una grabación en una casette o CD. Pronuncia la palabra *stop* en intervalos de, 1, 2 y 3 minutos sucesivamente, y repite la misma serie (1, 2, 3;1, 2, 3;1, 2, 3, etc.) hasta una duración de 30 minutos.

* Relájate, sentado o acostado, piensa en el miedo que quieres superar, y pon en marcha la grabación. Interrumpe ese pensamiento cada vez que oigas la palabra *stop*, y vuelve a traerlo a tu mente hasta que oigas el siguiente *stop*. Si no lo consigues o te distraes, comienza de nuevo desde el principio. Realiza este ejercicio cada noche durante 15 días seguidos.

* Después de dos semanas debes haber conseguido detener el pensamiento negativo al oír *stop* en la grabación (si no es así, inténtalo una semana más). Ahora ya no necesitas esa ayuda externa. Trae a tu mente la idea, objeto o situación que te produce miedo, y bórrala al pronunciar la palabra *stop* en voz bien alta y tono imperativo. Repite este ejercicio diariamente durante 15 días.

* Una vez que puedas rechazar el pensamiento negativo con una orden en voz alta, repite el mismo ejercicio, pero ahora susurrando la palabra *stop* en tono suave. Hazlo cada día durante 30 minutos, durante unas dos semanas.

* Ahora practicarás el verdadero dominio mental sobre el miedo, sin apoyarte en ningún sonido. Céntrate en el mismo pensamiento negativo, y luego recházalo pronunciando la palabra *stop*, pero sólo mentalmente. Tras 15 días seguidos de práctica, estarás en condiciones de ahuyentar tu miedo por

medio de la energía mental positiva que provoca el vocablo *stop*, cuando lo traes a tu mente.

* Una vez que el ejercicio te ha dado resultado, se supone que si ya has vencido el pensamiento negativo más fuerte y arraigado, los siguientes te resultarán más fáciles de rechazar. Repite el ejercicio con cada uno de ellos, respetando los pasos y tiempos fijados.

* Es posible que uno o más de esos pensamientos de miedo intenten o consigan reinstalarse en tu mente en algún momento posterior. En ese caso repite lo antes posible el método Stop con ese miedo en particular, para no perjudicar los pensamientos positivos que estarán cambiando tu vida.

El miedo es ilusorio... No puede vivir.
El valor es eterno... No puede morir.
Sri Swami Sivananda

Ensaya tus visualizaciones

El objetivo de todas las técnicas que hemos explicado hasta ahora, y que tú debes aprender y dominar, es la visualización. Esa práctica consiste en poner en imágenes tus pensamientos positivos. O, dicho de otra forma, traer a tu mente imágenes que representen los deseos y ambiciones que esperas colmar con la Ley de Atracción de las energías cósmicas. Se trata de crear una determinada imagen y reflejarla repetidamente, como si tu mente fuera a la vez un proyector y una pantalla de cine.

Es fundamental que nunca intentes visualizar aquello que quieres cambiar de tu condición actual. El secreto está en poder imaginar el cambio ya realizado, y hacerlo repetidamente, procurando precisar detalles y añadir contenidos. Por ejemplo, si lo que quieres es vencer tu timidez, ni siquiera pienses en ello. Ve directamente a visualizarte a ti mismo siendo el centro de una reunión, proponiendo algo audaz, o encandilando con tu ingeniosa conversación a una persona que te gusta.

Desde luego, educar y disciplinar nuestra imaginación para que se centre sólo en pensamientos positivos no es una tarea sencilla que se logre de un día para otro. El psicólogo alemán Peter Kummer, a quien ya nos hemos referido en el apartado que trata de la concentración profunda, nos alienta a no desanimarnos con las siguientes palabras:

> *Nunca he dicho que resulte fácil cambiar nuestros pensamientos anclados durante años y años en hábitos negativos y dominados por el miedo. Pero, si perseveras en tus intentos, comprobarás que después de tan sólo unas pocas semanas empezarás a encontrarte mejor. Verás las cosas con más optimismo y te darás cuenta de que tu vida puede cambiar.*

La visualización es el nexo que une el mundo espiritual y el mundo físico.

Peter Kummer

La promesa que hace el autor en el párrafo citado, debe ser el faro que guíe tus esfuerzos. Eso no sólo supone el acicate de la ilusión, sino que también debe fortalecer tu fe. Es decir, fe en que la visualización funcionará, en que sus energías se reflejarán en la realidad, porque «como es adentro es afuera», y tu mente puede crear situaciones reales y atraer cosas materiales. Alcanzarás un poder insospechado, según asegura Kummer:

«De repente tus hábitos y tus miedos ya no podrán interferir tu mente. Las imágenes de tus visualizaciones se harán más nítidas y más firmes, convirtiéndose en parte de tu vida cotidiana. Te darás cuenta de que dentro de ti mismo posees un gran poder».

DEBES INSISTIR CON FE Y SABER ESPERAR
PARA LLEGAR A ALCANZAR EL GRAN PODER

El proceso de practicar la visualización puede ser apoyado por ciertas técnicas, de acuerdo con lo que propone Kummer. Para afirmar la fe en la energía positiva y apoyar tus imágenes mentales, resulta muy útil practicar afirmaciones como las siguientes:

Me quiero tal como soy.
Soy feliz por el simple hecho de estar vivo.
Disfruto de mi vida.
Estoy lleno de energía.
Tengo buena salud física y mental.
Voy camino del éxito.
Estoy tranquilo y relajado.
Siempre tengo tiempo para mí mismo.
Cada día me encuentro mejor.
Mis relaciones afectivas son armoniosas.
Creo que la abundancia puede ser normal en mi vida.
Disfruto de todo corazón de lo que hago.

No practiques estas afirmaciones cuando estás intentando visualizar. Hazlo a solas, enunciándolas en voz alta y si es posible frente a un espejo.

LAS AFIRMACIONES EN POSITIVO PUEDEN FACILITAR
TU PROCESO DE VISUALIZAR LOS LOGROS A QUE ASPIRAS

La Visualización tiene una eficacia directamente proporcional a la eficacia con la que puedas apartar tus sentidos del mundo exterior y dirigirlos hacia su realidad interior. Vuelto hacia adentro, podrás crear una imagen mental que esti-

mule tu ser físico y psíquico. La imagen acudirá por sí misma, en tanto diri-
jas tu voluntad y atención hacia lo interno, alejándote del mundo externo.

El párrafo anterior pertenece al doctor Gerald Epstein, médico especializado en prevenir y curar enfermedades por medio de visualizaciones positivas. En la línea de desconectarse de los estímulos externos, Epstein recomienda colocarse en lo que él llama «la postura del faraón». Ésta consiste en sentarse bien erguido en un sillón o butaca de respaldo recto, contra el que debes apoyar la espalda, y dejar caer naturalmente los brazos sobre los posabrazos del asiento, relajando las manos con las palmas indistintamente hacia arriba, de lado o hacia abajo. Los pies deben descansar planos en el suelo. No debes cruzar los brazos ni las piernas durante la visualización, ni permitir que se toquen con otra parte del cuerpo. Epstein sostiene que en esa posición la conciencia sensorial se mantiene aislada de los mensajes externos, favorece la búsqueda de los principios internos, de una guía interior que nos oriente antes de tomar una decisión. Por otra parte, ayuda a una respiración profunda y a mantener la atención, mientras que estar tendido o acostado remite al descanso y al sueño.

Una postura egregia

La «postura del faraón» proviene de la posición que adoptan en el arte egipcio los faraones y altos mandatarios. La gente común de la Antigüedad se sentaba o acuclillaba en suelo, y de allí la dignidad que otorgaba un sillón o trono. Más tarde mantuvieron esa postura los reyes y emperadores, sobre todo cuando debían juzgar y resolver un asunto importante, así como en ocasiones de gran boato protocolario. Desde el faraón Kefrén al rey persa Darío; desde la célebre estatua de Abraham Lincoln en Washington, a la posición de los astronautas en su nave; la «postura del faraón» ha sido siempre un signo de poder superior y de control sobre las situaciones.

La capacidad de visualizar no es un don que se ejecuta con sólo desearlo, sino el fruto de un constante y paciente entrenamiento, que puede ser bastante prolongado. No obstante debemos señalar que esa capacidad, y en especial el tiempo y esfuerzo requeridos para alcanzarla, varía mucho según las personas. Hay quien tiene la habilidad o la suerte de lograrlo casi de inmediato, y quien encuentra serias dificultades para conseguirlo.

Desde luego, la facilidad para experimentar la visualización depende en gran medida de que hayas practicado a conciencia los ejercicios previos, y tengas un buen dominio de la respiración, la relajación y la concentración. Pero, aun así, es posible que al principio no te resulte fácil llegar a visualizar las escenas con las que te propones trabajar. El doctor Epstein ofrece algunos consejos para estimular tu capacidad de visualización:

* Observa un cuadro o fotografía de un paisaje natural durante un tiempo de uno a tres minutos. Luego cierra los ojos y trata de ver las mismas imágenes en tu mente.
* Recuerda con los ojos abiertos una escena agradable de tu pasado. Luego cierra los ojos e intenta ver esa escena en tu mente.
* Utiliza asimismo tus sentidos no visuales, como el olfato, el oído, el gusto y el tacto. Todos nuestros sentidos producen estímulos en la mente, que pueden ayudarte a visualizar una imagen relacionada con ese estímulo.

Lo que no puedes hacer al comienzo es forzar la aparición de una imagen determinada, algo que sólo se consigue con bastante práctica. Epstein recomienda una actitud más paciente:

En general, cuando intentes mejorar tu visualización, haz un esfuerzo por relajarte, respira profundamente tres veces, cierra los ojos y deja que la visualización llegue por sí sola. Esto es, aguárdala. Y cuando llegue, acéptala. Sea lo que fuere la imagen que surja, es adecuada y puede resultar útil, aunque parezca absurda e inútil.

AL COMIENZO, LA VISUALIZACIÓN EXIGE PACIENCIA, MODESTIA Y ACEPTACION DE IMÁGENES IMPERFECTAS

La mentalista inglesa Ursula Markham ha obtenido un gran reconocimiento en su país, que se ha extendido a todo el mundo gracias a sus numerosos libros. Markham ha elaborado el método que ella llama «visualizaciones para vivir», cuya amplia gama de temas abarca desde los traumas psíquicos que nos crean angustias, depresiones o fobias, hasta el abandono del hábito de fumar tabaco o dejar de morderse las uñas.

Todos tenemos algo en nosotros que desearíamos cambiar.
Ursula Markham

Al igual que muchos de sus colegas, Markham otorga una importancia capital a la obtención de una relajación absoluta, y promueve la ayuda de una grabación específica para estimular la visión de una imagen o historia apropiada al objetivo que nos proponemos:

Las visualizaciones son simplemente lo que parecen: una serie de guiones o argumentos creados para ayudarte a mejorar, sean cuales sean los pro-

blemas que puedas tener ahora o en el futuro. Puedes hacer que otra persona te los lea, o leerlos tú mismo en voz alta haciendo una grabación.

De esta forma el proceso sería el siguiente:

* *Ver:* verás las palabras escritas cuando las leas en voz alta.
* *Decir:* pronunciarás las palabras para poder grabarlas.
* *Oír:* oirás esas palabras cuando pongas la grabación.
* *Imaginar:* convertirás esas palabras en imágenes mentales cuando practiques la técnica de visualización mientras escuchas tu voz grabada.

La clave de la visualización está, obviamente, en el cuarto y último paso. Al llegar a la vida adulta los problemas concretos referidos a los estudios, la familia, el trabajo, el dinero, etc. ocupan la mayoría de nuestros pensamientos e invaden cualquier intento de abstracción. Poco a poco vamos perdiendo esa capacidad de imaginar que llenaba nuestra infancia, y que ahora yace inactiva y dormida en el subsuelo de nuestra mente. Si de pronto nos piden que nos imaginemos que estamos a la orilla de un hermoso lago en un paisaje paradisíaco, es probable que sólo consigamos una visión pobre, parcial e inestable, asediada por otros pensamientos que nos preocupan en la realidad. O incluso, que no lo consigamos en absoluto.

La experta británica conoce el problema, y sugiere una forma de superarlo:

Supongamos que eres una de esas personas que duda de su capacidad de crear imágenes visuales, ¿qué puedes hacer para mejorar? Intenta pensar que la imaginación es un músculo. Igual que tu musculatura, si no la ejercitas se volverá débil y fofa. Y, como cualquier músculo, no se puede ejercitar de vez en cuando y esperar que al cabo de un tiempo se encuentre firme. Hay que utilizarlo cada día, construyendo la fuerza y la potencia poco a poco.

Método Markham
para optimizar la imaginación

Primer paso

⁕ Copia en un papel la siguiente lista de palabras: casa, árbol, tomate, vaca, bebé, mar, silla, narciso, teléfono, tetera
⁕ Lee en voz alta las palabras una por una. A cada palabra, cierra los ojos e intenta visualizar lo que ésta representa. Lo consigas o no, pasa a la palabra siguiente, hasta completar la lista.

Segundo paso

Una vez que domines el primer paso, alimenta tu imaginación proporcionándole escenas para visualizar. Puede ser cualquier escena que conozcas bien y que te atraiga imaginarla. A continuación damos algunos ejemplos:

⁕ el dormitorio de cuando eras pequeño;
⁕ el interior de cualquier habitación de tu casa actual;
⁕ un lugar donde hayas pasado unas vacaciones agradables.

Tercer paso

Ahora necesitas incorporar un poco de acción a las escenas que visualizas para ensayar el verte a ti mismo cumpliendo tus deseos. Evita cualquier cosa que en la realidad te resulte difícil o inquietante, limitándote a actividades sencillas y agradables.

Te ofrecemos algunos ejemplos, pero puedes sustituirlos por cualquier otra actividad que prefieras:

* seguir a pie una ruta conocida, observando el entorno;
* subir un tramo de escaleras;
* preparar alguna comida;
* entregarte a tu pasatiempo favorito.

Debes practicar este sistema diariamente, dedicando una semana a cada paso, antes de pasar al siguiente. Comprobarás que consigues visualizar cada vez mejor las imágenes de tu guión terapéutico.

ENTRENA TU IMAGINACIÓN PARA PODER MEJORAR Y OPTIMIZAR TUS VISUALIZACIONES

Siguiendo los consejos de este apartado y, sobre todo, poniendo toda tu voluntad, esfuerzo y constancia en la práctica de la visualización, llegarás a dominar su técnica. En ese momento podrás comenzar tu plan de transformación vital, y todos los expertos recomiendan que lo hagas según las grandes áreas que conforman nuestra vida, como la salud, los afectos, la prosperidad, el éxito, los logros profesionales o la creatividad.

La vida que no se analiza no es digna de ser vivida.

Platón

4.

Cómo puedes transformar tu vida

Avanza confiado en la dirección de tus sueños,
para vivir la vida que has imaginado.
Henry David Thoreau

*E*l objetivo que tienes ahora por delante es transformar tu existencia actual en una vida mejor y más plena de satisfacciones. Si has leído con atención los apartados anteriores, estás de acuerdo con los conceptos que allí se exponen, has seguido a conciencia sus consejos prácticos y te sientes capacitado para la visualización creadora, puedes ponerte a la tarea desde este mismo momento.

Lo más probable es que existan varias áreas en tu vida que deseas cambiar o mejorar: alcanzar una paz espiritual estable; superar las fobias y traumas de tu psiquis, ya sean graves o leves; mantener o recuperar tu buena salud física; disfrutar del afecto de tu pareja, tu familia y tus amigos; ser respetado y apreciado por tus jefes y colegas; conseguir los éxitos que te propones en tu actividad profesional o laboral; asegurarte un bienestar económico duradero; y otras ambiciones legítimas y razonables que hasta ahora se te han negado..., entre ellas, ese antiguo problema que siempre pareció insoluble, o aquella ilusión que nunca pudiste cumplir.

Este libro pretende seguir asesorándote en el proceso de cambio que vas a emprender, con la ayuda de los grandes maestros del pasado y los mejores expertos del presente. Para ello hemos dividido nuestros consejos por temas o áreas de la existencia individual, que intentan coincidir con la clasificación imaginaria que encuadra todos tus posibles deseos.

Te aconsejamos que leas todos los apartados, aunque tu deseo principal se centre en uno solo. Por ejemplo, si deseas que cierta persona corresponda a tu amor, encontrarás los consejos específicos en el subcapítulo «Mejora tu vida afectiva». Pero su contenido te resultará más útil si consultas también otros temas relacionados, como por ejemplo los incluidos en «Logra armonía espiritual y equilibrio mental». Esperamos que de esta forma nuestro apoyo te resulte más práctico y eficaz. Pero recuerda que la responsabilidad es tuya, tuyo es el compromiso contigo mismo y tuyos serán los logros que alcances en tu apasionante camino de transformación.

DEBES VISUALIZAR TODAS LAS COSAS
QUE DESEAS PARA TRANSFORMAR TU VIDA

Logra armonía espiritual y equilibrio mental

Si le preguntamos a alguien cuál es su mayor deseo, es posible que nos responda con simplicidad: «deseo ser feliz». Esta respuesta no conoce límites de edad o de género, ni respeta diferencias étnicas o distancias geográficas. Resulta difícil definir lo que se entiende por felicidad, y los propios filósofos, pensadores y psicólogos no se han puesto de acuerdo en una descripción unívoca de ese sentimiento. Para algunos es algo que sólo se experimenta en momentos muy especiales y breves, como el logro de un éxito, una pasión amorosa, el nacimiento de un hijo, la solución de un problema muy grave y otros acontecimientos favorables y significativos en nuestra vida. Desde este punto de vista, no existe la posibilidad de una existencia totalmente feliz, ya que nuestro transcurso vital está jalonado de alegrías y tristezas, de éxitos y fracasos, de amor y odio, de entusiasmo y angustia.

No obstante, desde que el ser humano tomó conciencia de sí mismo, buscó el retorno a un paraíso perdido donde reinaba la felicidad, e intentó encontrarlo ya sea por medio de la religión o de la sabiduría. Es decir, por medio de la fe o del conocimiento. En el mejor de los casos, es la combinación de ambas cosas lo que puede llevarnos a ser felices, en la medida de nuestra condición humana.

Todo ser humano aspira a lo divino, y el maestro debe ayudarlo a invocar la divinidad que hay en su interior.

Swami Vivekananda

Hemos dicho que la búsqueda de una felicidad duradera se basa en dos principios: la fe y el conocimiento. Veamos ahora el porqué de este aserto:

* *Fe.* Tener fe en la bondad y justicia de Dios (cualquiera sea el nombre y apariencia que le demos), en su expresión a través de las energías cósmicas y en las fuerzas que subyacen ocultas en nuestra propia mente. Esa certeza debe sustentar tu fe en ti mismo y en tu voluntad de cambio hacia una vida más plena.
* *Conocimiento.* Tener conocimiento sobre las posibilidades de tu mente y las actitudes y técnicas para despertarlas y ponerlas a tu servicio a través de visualizaciones y afirmaciones. Ese conocimiento te permitirá elaborar y optimizar los recursos mentales necesarios para que tu deseo de cambio se haga realidad.

La felicidad existencial se basa fundamentalmente en una armonía espiritual diáfana y en un sano y duradero equilibrio mental. Aunque aquí las exponemos como dos entidades distintas, en realidad son dos caras de la misma moneda y están estrechamente ligadas, al punto que la una no puede alcanzarse si no se da la otra.

De acuerdo con las enseñanzas de Swami Vivekananda, maestro de la doctrina de los vedas, «todo hombre debe ser tratado no por aquello que manifiesta, sino por aquello a que aspira». Y agrega más adelante:

Cada ser individual es potencialmente divino. La meta es manifestar esa divinidad interior controlando la naturaleza externa e interna. Haz esto ya sea por el trabajo, la adoración, el control psíquico o la filosofía; sigue uno, o más, o todos estos senderos y sé libre. Esto es lo que constituye nuestra religión. [...] Las doctrinas, dogmas, rituales, libros, templos o imágenes son sólo detalles secundarios.

Si vas bajo la superficie, encontrarás la Unidad entre persona y persona; entre razas y razas; alto y bajo; rico y pobre; dioses y hombres; hombres y animales. Si vas lo suficientemente hondo, todo será visto sólo como variaciones del Uno, y aquél que ha alcanzado este concepto de unidad no necesita más ilusiones. ¿Qué puede engañarlo? Conoce la realidad de todo, el secreto de todo. ¿Dónde puede haber miseria para él? Ha seguido el rastro de la realidad de todo hasta el Señor, el Centro, la Unidad de todo, que es Eterna Existencia, Eterno Conocimiento, Eterna Dicha.

El universo está listo para entregar sus secretos si sólo sabemos cómo golpear, cómo darle el golpe necesario. La intensidad y la fuerza del golpe llegan por la concentración. No hay límite para el poder de la mente humana.

El pensamiento es la fuerza propulsora en nosotros. Llena la mente con los más elevados pensamientos, óyelos día tras día, piénsalos mes tras mes. Nunca te importen los fracasos; son naturales. Estos fracasos son la belleza de la vida.

Debe haber meditación. La meditación es lo esencial. ¡Medita! La meditación es lo más grande. Es el mayor acercamiento a la vida espiritual. Es el momento de nuestra vida diaria en el cual no somos materiales, el alma pensando en sí misma, libre de toda materia..., ese maravilloso toque del Alma.

CON VERDADERA FE NO HAY LÍMITES
PARA EL PODER DE LA MENTE HUMANA

La pérdida de esa dimensión espiritual de nuestro ser preocupa seriamente a Susan Jeffers, que alude a este problema en uno de los más inspirados capítulos de su libro *Aunque tenga miedo, hágalo igual:*

> *A menudo oímos la expresión 'cuerpo, mente y espíritu' para definir la totalidad de nuestro ser. La sociedad actual se preocupa en primer término del cuerpo y de la mente. La faceta espiritual, que contiene un yo superior, se ha ido perdiendo, no se sabe cómo, en el camino. Por ahora, existen relativamente pocos sitios donde se enseñe algo sobre el yo superior. Por eso no debe sorprender que nos hayamos concentrado casi totalmente en las facetas intelectuales y físicas de nosotros mismos. En realidad, muchos de nosotros ni siquiera nos hemos dado cuenta de que tenemos una vertiente espiritual.*

En el párrafo anterior la autora menciona una de las teorías más interesantes sobre los poderes mentales. Aquella que supone la existencia de un «yo superior», algo muy poderoso en nuestro interior que permanece oculto a nuestra conciencia. Al contrario del «super yo» de Freud, el «yo superior» no se dedica a reprimir y controlar nuestros impulsos primarios, sino que es una gran fuente de energía que parece reservarse para momentos decisivos de nuestra vida. Esta poderosa fuerza funciona en el momento apropiado, sin nuestro permiso consciente y sin haberla convocado.

Al referirse a la actuación del «yo superior», Jeffers recurre a las acciones aparentemente imposibles o sobrehumanas protagonizadas por personas normales y corrientes. Pone como ejemplo el padre de familia desesperado que por sí solo levanta el coche bajo el que están atrapados su mujer y sus hijos; y luego no comprende de dónde sacó fuerzas para realizar semejante hazaña.

«No sé cómo lo hice, pero lo hice» suele ser la explicación más habitual del protagonista de la proeza. Y es verdad que su mente consciente no sabe cómo realizó ese milagro, ese prodigio inexplicable que sólo puede ejercer una divinidad. Para Jeffers, es precisamente una manifestación del componente divino que hay en todos nosotros:

Cuando estamos lejos de nuestro 'yo superior', sentimos lo que Roberto Assagioli definió tan adecuadamente como 'divina nostalgia'. Cuando experimentas la sensación de estar extraviado, de haberte desviado de tu curso, lo que debes hacer es reencontrar el camino de regreso al hogar. Simplemente, utilizar las herramientas que te indiquen el camino hacia tu 'yo superior'... y así dejar que vuelvan a fluir los buenos sentimientos positivos.

Creo que lo que en realidad buscamos es la esencia divina que hay en todos nosotros.

Susan Jeffers

Haz callar a «la charlatana»

En la concepción de Susan Jeffers, en nuestra mente existen dos fuerzas fundamentales. Ya conocemos al «yo superior», poderoso y positivo, pero no siempre presente en nuestra conciencia. Ésta es ocupada a menudo por otra fuerza que emite mensajes negativos y contradictorios, que tienden a confundirnos, atemorizarnos o deprimirnos. Jeffers bautizó a esta peligrosa mensajera mental como «la charlatana», en su sentido de hablar sin parar de cualquier cosa, y también de agorera o engañosa. «Es el sedimento de todos nuestros aportes negativos, desde que nacemos hasta el presente», nos dice. «Contiene nuestro yo infantil que requiere constante atención y no sabe cómo dar. La mente consciente envía al subconsciente órdenes basadas en la información que

recibe indistintamente del 'yo superior' o de 'la charlatana'.
Podemos adiestrarla para elegir lo uno o lo otro.»

DEBES DAR PRIORIDAD A LOS MENSAJES POSITIVOS QUE TU «YO SUPERIOR» ENVIA A LA CONCIENCIA

La obtención de la paz y la felicidad individual tiene un sentido muy distinto en Occidente y en Oriente. Nosotros la entendemos en un sentido pragmático, a través de conseguir determinadas metas personales, como lograr éxito, ser queridos y admirados, mantener una buena salud, y disfrutar de un bienestar asegurado y legítimo; mientras que los orientales buscan la elevación del espíritu por medio del despojamiento material y la elevación espiritual.

Esta diferencia no ha impedido que las grandes figuras del pensamiento positivo en América y Europa aceptaran, admiraran y practicaran muchos de los principios y normas de las religiones y filosofías orientales, en especial las pertenecientes al hinduismo védico y al budismo. Puede observarse que las diversas técnicas de respiración, relajación y concentración, son en gran medida deudoras de las tradiciones espirituales asiáticas. Ambos mundos se distancian en el momento de trabajar la meditación y la visualización.

Para los mentalistas occidentales, la meditación consiste en concentrarse fijamente en un tema o su visualización. En la visión de los maestros espirituales del hinduismo, meditar es exactamente lo contrario de centrarse en un tema. Se debe abrir la mente, despojarla de imágenes y pensamientos, abriendo espacios neutros entre ellos. El resultado es el acceso a una calma mental, una pacífica quietud espiritual que favorece la comunión con la divinidad, a la manera de la vida contemplativa en la tradición mística cristiana.

Sin embargo, el ayurveda no descuida la relación de cada individuo con el mundo que lo rodea, y propone un camino de meditación y visualización para lograr también unos objetivos terrenales. La idea básica consiste en trazarse una estrategia antes de emprender cualquier acción. Dicha estrategia o plan consiste en una suerte de acuerdo de intenciones con uno mismo, para establecer el objetivo de esa acción. Todas las acciones que realizamos buscan un resultado, que debemos saber de antemano. En el proyecto de alcanzar la paz espiritual, ese resultado debe ser bueno, ya sea para nosotros mismos o para otros.

Un hombre es como lo desea en su corazón.

Ayurveda

Cualquiera que sea la corriente mística o filosófica, existen una serie de técnicas y actitudes que son comunes a prácticamente todas las corrientes orientales de visualización o meditación, y que pueden sintetizarse así:

La atmósfera

Al igual que en la tradición occidental, el mejor ambiente para la práctica de la meditación es un lugar tranquilo y sin distracciones, bien ventilado y con luz natural. Es costumbre en Oriente crear una atmósfera favorable colgando en la habitación imágenes alusivas, iconos, velas, libros sagrados, esferas luminosas o, en el caso del budismo, estatuillas translúcidas de Buda.

La postura

La posición física tiene una especial relevancia en las técnicas tradicionales de la meditación oriental. La más conocida es la de la «flor de loto», con las piernas cruzadas en el suelo, apoyando los pies sobre los muslos y manteniendo el tronco erguido. En otro lugar de este libro nos referimos ya a la «postura del faraón», de origen egipcio, y recomendada a quien prefiere meditar sentado en una silla. Otras posturas clásicas son: las del hatha yoga, que prescribe Patanjali en los *Yoga Sutras;* las del budismo zen, muy divulgadas en

Occidente; las del método kum nye del Tibet; las de los movimientos de Gurdieff o las de la meditación de pie abrazando una columna imaginaria, practicada por los taoístas.

La mayor parte de estas posturas conllevan incomodidad y cierto riesgo físico para los principiantes, y conviene que las practiques con la ayuda y control de un monitor experto. La norma común a todas ellas es mantener la espalda en vertical y la columna vertebral recta, posición que se cree que favorece la meditación y las visualizaciones.

La actitud personal

Al practicar la meditación, la actitud más favorable es la de un observador receptivo. Procura observar tu mente interior, alternando con la contemplación de los elementos coadyuvantes, sin pensar nada en particular. Percibe cómo tu mente se va limpiando de todo pensamiento, hasta quedar vacía como un papel en blanco. Entonces podrás dibujar en él las imágenes que deseas.

Los recursos de ayuda

Los métodos orientales de meditación suelen utilizar algunos rituales previos para favorecer la disposición del estado mental. Por ejemplo, aceites aromáticos de origen vegetal, abluciones de agua consagrada, ofrendas de flores o inciensos, que limpian la mente, ayudan a la concentración y estimulan las energías psíquicas que intervendrán en la meditación.

También existen elementos de apoyo durante el proceso propiamente dicho, como los mantras de las técnicas meditativas hindúes. Un mantra muy recurrido es la célebre sílaba ritual «OM», pronunciada haciendo resonar la eme, pero también existen otras sílabas o palabras, generalmente tomadas de la lengua sánscrita. Los budistas, por su parte, se ayudan en la meditación con el control del ritmo de su propia respiración profunda o diafragmática.

El tiempo

La meditación profunda debe practicarse cada día, y se obtienen mejores resultados cuando es posible realizar dos ejercicios diarios. El tiempo ideal que debe dedicarse a cada meditación es de aproximadamente una hora, aunque los principiantes pueden reducir las primeras sesiones a alrededor de 30 minutos, para ir luego prolongándolas a medida que avanzan en el dominio de la técnica y el logro de resultados.

La vida es lo que es, no puedes cambiarla, pero puedes cambiarte a ti mismo.

Hazrat Hinayat Khan

Utiliza las visualizaciones curativas

La supuesta separación entre el cuerpo y la mente (el *soma* y la *psiquis* de los griegos) proviene de la tradicional división entre la carne y el alma y de la idea de que una y otra eran entes totalmente distintos en su esencia, e incluso contrapuestos. Hoy sabemos que ambos son interdependientes y forman una unidad indivisible que constituye a la persona humana, es decir a cada uno de nosotros.

El equilibrio cuerpo-mente es un factor fundamental para el estado de nuestra salud. Si uno de los dos factores se torna inestable, afecta indefectiblemente al otro. Esta es una verdad que los antiguos fisiólogos expresaban al hablar del carácter «bilioso», que asociaba el hígado con el mal humor y el resentimiento; o del carácter «sanguíneo» para describir las rabietas y excesos vinculados a la hipertensión. Lo mismo manifiesta la popular máxima latina «mens sana in corpore sano». En la actualidad, la medicina ya acepta la existencia de enfermedades psicosomáticas y la influencia de ciertas dolencias orgánicas o traumáticas en el equilibrio mental del paciente.

La visualización es un poderoso instrumento para obtener la salud a través de la mente.

Linda Mackenzie

La influencia mutua entre la mente y el cuerpo, otorga una especial potencia a la visualización y sus vibraciones positivas como recurso terapéutico. Aparte de que la armonía mental es en sí misma un factor que estimula nuestras defensas orgánicas, las visualizaciones específicas actúan con eficacia para prevenir, mejorar o curar nuestras afecciones físicas. La doctora Linda Mackenzie explica las razones de este proceso:

En los tratamientos curativos, el uso repetido de visualizaciones positivas abre el acceso a la conexión mente-cuerpo. Esto permite que ambos trabajen juntos para promover el proceso de curación a nivel físico. La visualización de imágenes positivas produce emociones positivas que se manifiestan en sensaciones físicas positivas.

La idea es tan sencilla que provoca recelos. ¿Puede un simple pensamiento, por nítido y repetido que sea, surtir un efecto positivo en nuestra salud? Mackenzie defiende esa posibilidad desde el campo científico de la endocrinología. Afirma que nuestro estado psicológico y emocional afecta el sistema endocrino, y pone como ejemplo la sensación de miedo, relacionada con la producción de adrenalina por las glándulas suprarrenales. Cuando no sentimos miedo, nerviosismo, o estrés, no hay adrenalina en nuestro organismo. Y existe también el efecto inverso: si no hay adrenalina, no experimentamos esos sentimientos.

El mando central de nuestros procesos orgánicos es el hipotálamo. Desde su posición en la base del encéfalo cerebral, controla los sistemas vegetativos, como el circulatorio, respiratorio y digestivo; las glándulas adrenal y pituitaria; el apetito, la temperatura corporal, y el nivel de azúcar en la sangre. Pero además el hipotálamo cumple la función de intercambiar emociones y sensaciones entre la mente y el cuerpo, conducidas por unas hormonas «mensajeras» llamadas neuropeptidas. Estas transmisoras químicas canalizan las percepciones del cerebro hacia el resto del cuerpo, por medio de los órganos, las hormonas y la actividad celular. Las neuropeptidas alcanzan las principales áreas de nuestro sistema inmune, permitiendo que el cuerpo y la mente trabajen unidos para recuperar la salud.

LA ENDOCRINOLOGÍA AVALA LA RELACIÓN TERAPÉUTICA ENTRE LA MENTE Y EL CUERPO

Elogio del cerebro derecho

Linda Mackenzie es una convencida partidaria de la controvertida teoría de «los dos cerebros», cuya importancia en la visualización terapéutica explica de la forma siguiente: «A simple vista, el cerebro está dividido en dos partes: la izquierda, o cerebro lógico, controla el lenguaje, el conocimiento y el pensamiento racional; el cerebro derecho es creativo, y domina la imaginación y la intuición, y es el que permite el acceso a la conexión cuerpo-mente para conseguir lo que deseas. El lado derecho del cerebro te conduce automáticamente hacia tu objetivo. Acepta totalmente lo que quieres alcanzar, sin manifestar una opinión, y actúa para conseguirlo sin juzgarlo. Es por esto que la visualización trabaja con el lado derecho y creativo del cerebro, y no con el lógico y racional cerebro izquierdo».

Para optimizar el proceso de visualización, Mackenzie ha elaborado una serie de consejos que te ayudarán a trabajar mejor sobre tus molestias o dolencias físicas y psíquicas:

1. Define tu objetivo con precisión. La visualización debe situarse claramente en el objetivo que deseas alcanzar. Recuerda que tu cuerpo reaccionará a lo que le dicten tus vibraciones. De modo que cuando pienses en tu objetivo procura que éste sea:

* Claro
* Específico
* Alcanzable

Y asegúrate que sientes, sabes y confías en que llegará a cumplirse.

2. Asume tu responsabilidad. Está comprobado que intentar hacer una visualización sin hacerse responsable de ésta es una experiencia inútil. Para alcanzar lo que esperas debes asumir una responsabilidad y una actividad. Una visualización normal, haciendo cada día una por la mañana y otra por la noche, lleva unas seis semanas de trabajo. Hay personas que pretenden ver resultados desde el comienzo, pero recuerda que el cuerpo y la mente son diferentes en cada uno de nosotros y que, por lo tanto, el tiempo y la forma en que procesamos la información son también distintos. De modo que sé paciente y cumple con las siguientes responsabilidades:

* Ser consecuente contigo mismo.
* Hacer y asumir un compromiso.
* Trabajar la visualización con regularidad.
* Ser paciente y persistente.
* Estar mentalmente relajado.
* No olvides que un estado de ánimo relajado permite un acceso directo a tu subconsciente.

3. Visualiza correctamente. La visualización terapéutica es un proceso relativamente sencillo. Una vez que has definido la imagen apropiada, debes pasar a representarla en tu mente:

* Concéntrate en tu objetivo, o enúncialo en voz alta.
* Cierra los ojos e imagínate siguiendo el proceso curativo o liberado ya de tu mal.
* Observa cómo tu cuerpo te transmite su salud.
* Percibe el sentimiento de bienestar físico y mental.
* Convéncete de que ahora estás sano.

4. Si fallas, no te rindas. Usa tu imaginación creativa para visualizar cómo las células de tu cuerpo se van curando, o cómo tu sistema inmune lucha para desalojar a los invasores. También puedes emplear recursos externos a la propia visualización, como los siguientes:

* Imagínate a ti mismo sano y feliz, en un paisaje muy bello y sereno.
* Procura leer testimonios de visualizaciones o libros sobre autohipnosis.
* Intenta grabar una guía de apoyo, usando tu propia voz.

La clave de la visualización mental reside en vincular emociones, sensaciones e imágenes.

Gerald Epstein

Apelamos nuevamente al conocimiento y la experiencia del doctor Epstein, para profundizar en las posibilidades terapéuticas de la visualización. En sus libros y artículos, Epstein ha señalado su convicción en que la energía mental puede curar o mejorar significativamente muchas dolencias físicas:

Aun cuando la medicina occidental es reacia a aceptar que la mente puede alterar el cuerpo, cree ya sólidamente en lo contrario (que lo físico puede afectar lo mental) y utiliza con frecuencia esta conexión. Tranquilizantes, antidepresivos y anestésicos constituyen un ejemplo de ello. Puesto que es obvio

que el cuerpo puede afectar a la mente, ¿no es lícito pensar que el uso del poder mental, como la voluntad o la imaginación, puede afectar al cuerpo?

Mi experiencia clínica durante los últimos quince años ha aportado pruebas, no sólo de los efectos de la mente en el cuerpo, sino también de la capacidad de la visualización mental para contribuir a la curación del cuerpo. *

Como todos los procesos semejantes, la visualización terapéutica, ya sea preventiva o curativa, consiste en convocar o crear una imagen mental. O sea, una forma que es imaginaria respecto a la realidad objetiva, pero que no deja de ser real en la subjetividad del individuo. Tiene las cualidades de cualquier objeto, cosa o suceso que ocurre materialmente en el mundo, pero no tiene volumen, masa, ni sustancia. Como se suele decir últimamente, es una imagen virtual, similar a la que podemos ver o crear en la intangible red informática.

No obstante, esa imagen virtual posee energía. O, mejor dicho, extrae energía de nuestra mente para producir vibraciones que se corresponden con lo que la visualización representa. A su vez, esas vibraciones pueden ser canalizadas mentalmente hacia el punto o zona del cuerpo que deseamos curar. Por ejemplo, si sufres un constipado, puedes imaginar tu sistema respiratorio (nariz, garganta, tráquea, pulmones, etc.), y «ver» que se disuelven las mucosas que lo obstruyen, la irritación e inflamación de los tejidos, hasta que recuperan su ritmo normal y la fiebre ha desaparecido.

Desde luego no estará ocurriendo lo mismo en tu organismo real, al menos en ese preciso momento, pero si repites la visualización a conciencia, ese proceso se irá cumpliendo en menos tiempo del que imaginas. Para que esto suceda efectivamente, es conveniente seguir el consejo de Gerald Epstein:

---

* Entre las enfermedades y trastornos físicos que el autor curó o ayudó a curar como médico clínico se cuentan la artritis reumatoide, la prostatitis, el quiste ovárico, el carcinoma de pecho, las erupciones cutáneas, las hemorroides y la conjuntivitis, según consta en las correspondientes historias clínicas.

Existen cuatro aspectos en la preparación de la mente para la visualización curativa. Los dos primeros forman parte de todo ejercicio de visualización. Yo denomino esos elementos 'intención' y 'tranquilización'. Los otros dos forman parte de la experiencia visualizadora terapéutica en su conjunto. Yo los llamo 'lavado' y 'cambio'.

A continuación ofrecemos un resumen del texto que dedica este autor a esos cuatro elementos, en su obra *Visualización curativa*:

Intención

La visualización está vinculada directa y activamente a la intención, que es la acción mental que dirige nuestra atención y nuestros actos. La atención es la expresión activa de nuestros deseos, canalizados a través de nuestros sistemas fisiológicos. Se manifiesta a menudo en forma de acción, ya sea física o mental. Dicho en términos más sencillos: la intención es lo que deseamos conseguir.

¿Qué tiene esto que ver con la visualización y la curación? Cuando realizamos un ejercicio de visualización, debemos comenzar siempre por definir y aclarar nuestra intención. Así, por ejemplo, si deseas curar un hueso roto, antes de iniciar el ejercicio te dirás, incluso en voz alta, que vas a hacerlo para soldar ese hueso. Podríamos considerarlo una instrucción interna; una especie de programa informático para tu mente, con el fin de que ésta se concentre sólo en el proceso en que estás trabajando. Al decirte a ti mismo que vas a realizar una tarea concreta, y si estás muy convencido de ello, aumentará tu éxito en el empleo de la visualización.

La *voluntad* es un aspecto intrínseco de la intención, ya que ésta depende de aquélla. La voluntad no es más que el impulso o fuerza vital que nos capacita para tomar decisiones. Cuando damos una dirección a la voluntad, tenemos una intención. Ésta es entonces la voluntad dirigida, y resulta fundamental para todo trabajo de autocuración que se genere a través de la visualización. Mediante su uso dirigimos la voluntad hacia nuestro interior, para encontrar por nosotros mismos nuevos caminos que nos conduzcan a una salud mejor y a una vida más satisfactoria. Nos erigimos entonces en los dueños conscientes de nuestra vida.

Tranquilización

El segundo requisito de la preparación de nuestra mente para la visualización terapéutica es lo que Epstein denomina «tranquilización». El entorno curativo requiere dos tipos de tranquilidad: la externa y la interna. La primera nos ayuda a concentrarnos en la tarea de profundizar en nosotros mismos. Las distracciones y ruidos de la vida diaria pueden impedirnos este tipo de atención. No se trata de recluirnos en un monasterio o en una cueva para practicar la visualización, pero sí de situarnos en un ámbito sereno, sin efectos perturbadores o inquietantes.

Serenidad no implica necesariamente silencio absoluto. Determinada clase de ruidos pueden contribuir a tu tranquilidad interna: el trino de los pájaros, el murmullo de la lluvia, o incluso el rumor lejano del tráfico. Si no te dejas alterar por esos ruidos ni les prestas especial atención, pronto pasarán a formar parte del ejercicio. Si realizas esfuerzos activos para aislarte del ruido, estarás demasiado ocupado atendiendo a obtener y mantener ese aislamiento, y bloquearás el proceso de visualización.

La *relajación* es el aspecto interno de la tranquilización. Aun admitiendo esto, el doctor Epstein advierte que la relajación meditativa o profunda no es adecuada en los ejercicios terapéuticos. Excederte con ese fin podría volverte poco consciente, soñoliento, y por lo tanto menos sensible a la experiencia visualizadora. Su objetivo no es la relajación, sino imaginar y recordar. En cualquier caso manteniendo una relajación suficiente para efectuar esa tarea con tranquilidad y sin tensiones.

LA VISUALIZACIÓN TERAPÉUTICA EXIGE UNA INTENCIÓN CLARA Y UNA ATENCIÓN CONSCIENTE Y TRANQUILA

Los otros dos aspectos que destaca el doctor Epstein en su trabajo sobre la visualización con fines curativos, son los procesos que él llama de «lavado» y de «cambio». Son elementos que van más allá de la sola intención de sanar una dolencia física o disfunción orgánica, al incidir en los valores, conductas y hábitos de nuestra personalidad. Pero si no atendemos a ellos, todo intento de obtener resultados por medio de la visualización resultarán en fracasos.

Lavado

Al tratar este tema, el autor nos recuerda que la mayor parte de las medicinas de la Antigüedad, tanto orientales como occidentales, empleaban el lavado como un procedimiento curativo. Nos referimos al uso terapéutico y más o menos ritual del lavado del cuerpo, como sucedía en la cultura egipcia, en los baños romanos y árabes, en el rito de la mikvah entre los judíos, en los balnearios termales europeos o en los llamados spa en nuestros días. En el plano religioso, sabemos que los credos cristianos utilizan el agua bautismal como lavado simbólico del alma del nuevo creyente, en algún caso con una inmersión completa de pies a cabeza.

El trabajo sobre la relación mente-cuerpo exige aceptar que para que ésta se produzca ambos deben estar «limpios». Es decir, el cuerpo lavado y la mente en paz consigo misma. Son conocidas las virtudes sanitarias de la higiene corporal, y la contribución de una conducta serena y generosa para la salud mental. En esos principios se apoya Gerald Epstein al escribir lo siguiente:

Cuando afirmo que el lavado es necesario para el trabajo de visualización, estoy hablando, por supuesto, de algo más que de la higiene física. Sin intención de moralizar al respecto, sugeriría que estar sano equivale a estar limpio, en todos los sentidos de la palabra. Hablando en términos éticos, debemos preguntarnos hasta qué punto somos limpios en nuestras interacciones con los demás. Muchas personas consideran recuperar la salud como parte de su patrimonio personal. Sin embargo se engañan a sí mismas si son incapaces de ver la relación entre enfermedad y conducta impropia.

En cada uno de nosotros, cada descuido moral o ético es registrado por nuestro cuerpo y puede influir negativamente sobre la actividad de nuestra vida física y mental.

En resumen, para afrontar por nosotros mismos un proceso de curación por medio de la energía mental, debemos comenzar por «lavar los propios actos». Esa acción de limpieza forma parte de la actitud consciente y voluntaria que precede a la visualización. Consiste en realizar un examen interior riguroso, y estar abierto para atender y comprender lo que nos dicen nuestro cuerpo y nuestras emociones. En palabras de Gerald Epstein:

Mediante el uso de imágenes podemos desterrar la negación de que algo marcha mal, solventar los propios errores y sacar a la luz nuestras tendencias destructivas habituales. Luego podremos enfrentar nuestras dolencias personales y curarlas. El lavado forma parte de la curación, y ambos en conjunto crean un espacio para que surjan tendencias nuevas y saludables, para propiciar un evolución y una integración renovadas y positivas.

Cambio

El cuarto y último elemento de la propuesta del doctor Epstein es el cambio, no en el sentido de nuestra transformación, sino en el de aceptar los constantes cambios, dejar correr el flujo de la vida. Aceptar el cambio supone en sí mismo un cambio que nos lleva a aceptar la naturaleza mutable de las cosas. Sostiene que, al aferrarnos a lo que entendemos como «situaciones positivas», nos resistimos a la posibilidad del dolor y el sufrimiento, con lo cual, en lugar de aceptarlos y controlarlos, caemos inermes en esos males que deseamos evitar.

Aferrarnos a una situación favorable pretendiendo que sea permanente es algo que nos crea dificultades y tensiones internas que pueden adoptar la forma de dolencias corporales. Es lo que el psicoanálisis denomina «neurosis de conversión», que convierte el trauma psíquico o la barrera mental en males y sufrimientos físicos. En la versión de Epstein, se expresa así:

> *El trabajo de visualización en nuestro cuerpo y mente es un principio en el proceso de liberarnos, para convertirnos en seres verdaderamente individuales, que pueden convivir fácilmente con el cambio. Al capacitarnos para abandonar el mundo fijo de objetos y apariencias, la visualización mental nos ayuda a desterrar las actitudes y comportamientos represivos que con frecuencia afectan negativamente a nuestra salud.*

> *Intención, tranquilización, lavado y cambio: éstos son los componentes de un estado de ánimo saludable. A medida que aprendas a usar estos componentes para contribuir a la curación de tus dolencias y problemas particulares, te convertirás en una persona no sólo más sana, sino también más libre, dispuesta a experimentar algunas de las infinitas posibilidades que nos ofrece la vida.*

Si tu mente y tu cuerpo están sanos debes comenzar a curar tu espíritu.

Platón

Mejora tu vida afectiva

Poder amar y ser amado es una condición esencial para una vida equilibrada y feliz. Desde la infancia estamos rodeados de seres próximos, como los padres, hermanos, abuelos, y demás familiares, con los que intercambiamos afecto en diversos grados. Pronto abrimos ese mundo hogareño a nuevas relaciones afectivas, como amigos, condiscípulos y quizá algún profesor o profesora. Según la historia y el ambiente de cada uno, puede haber otras personas que intervengan en nuestra experiencia afectiva. Esos afectos no suelen ser siempre simétricos, y es posible que nos sintamos poco queridos por algún miembro de nuestra familia, o no correspondido en nuestra atracción por un amigo, al tiempo que no sentimos interés por otras personas que nos demuestran su afecto.

Todo ese mundo entra inconscientemente en juego cuando nos enamoramos. El punto más alto, y también más conflictivo, de nuestra vida afectiva es el surgimiento del amor pasión, entendido como la obsesión casi exclusiva por una persona en la que depositamos toda nuestra apetencia de afecto. Si el ser amado nos corresponde, ambos seremos responsables de lo que suele llamarse una relación de pareja. Pero si nos ignora o nos rechaza, se abre ante nosotros un abismo que puede poner en entredicho al amor en sí mismo como componente de nuestra vida.

Como suele ocurrir en otros campos, la mayor parte de los problemas afectivos no son por culpa de las otras personas, sino de nosotros mismos. Son nuestros propios pensamientos negativos, nuestra falta de autoestima, o nuestras tendencias autodestructivas, lo que nos hace poco atractivos y nos bloquea en la manifestación adecuada de nuestros afectos. No obstante, ese ser malquerido no es toda tu personalidad. Existe en ti otro ser subyacente, que confía en sí mismo, que se sabe capaz de amar y ser amado y se siente digno de admiración y aprecio. Un ser que sólo puede ser revelado por tus propias energías mentales adormecidas.

Sea lo que sea lo que nos depare la vida, será más fácil soportarlo si sentimos que somos amados.

Ursula Markham

En páginas anteriores hemos presentado ya a la terapeuta británica Ursula Markham. Volvemos a ella para consultar el capítulo dedicado a los problemas amorosos en su libro *Las respuestas están dentro de ti:*

El amor, que es seguramente la emoción más positiva de todas, puede hacer que nos sintamos mejor física y emocionalmente. Existen muchos tipos diferentes de amor, y cada uno de ellos es importante. Aunque puede que no seamos lo bastante afortunados para experimentarlos todos al mismo tiempo, existen en abundancia a nuestro alrededor y cuanto más demos, más es probable que recibamos a cambio.

Markham prosigue sus consejos señalando que el amor que recibimos debe poder manifestarse apropiadamente, para así ser merecedor de una respuesta igualmente amorosa:

Aunque sepamos que las personas que nos rodean nos aman, si esa emoción no es expresada, es fácil dudar de ella cuando nos sentimos negativos. Teniendo esa experiencia en cuenta, ha de ser muy importante para nosotros el recordar a los demás que los amamos: con palabras, con caricias, ofreciéndoles nuestra atención y nuestro tiempo.

Tratándose de una experta en la aplicación de las energías mentales, Markham recurre a ellas proponiendo la visualización que reproducimos textualmente a continuación.

Visualización para el amor
(Ursula Markham)

Mientras me voy relajando, dejo que mi mente vague hasta mi infancia y piense en el amor que entonces sentía. Quizá en el amor que sentía hacia los miembros de mi familia, quizá hacia un animal doméstico, o incluso por una muñeca o un osito de peluche. En la niñez no me preocupaba si ese amor era o no correspondido, lo daba de modo incondicional. Ahora permito que esa sensación de amor cálido y tierno inunde todo mi ser. Sigo siendo esa misma persona; tengo todavía una gran cantidad de amor para dar.

También he recibido amor en mi vida: el amor de mis padres, mi familia, mis amigos o de una relación sentimental. Tanto si estas personas están ahora cerca de mí o no, ese amor no ha cambiado, sigue rodeándome. Conservo el recuerdo de su amor, que mantiene mi sensación de afecto. No hay ninguna razón para que los que están lejos tengan que dejar de amarme, sólo porque no podemos vernos.

Como comprendo la importancia de saber que uno es amado, me aseguraré que siempre comunico mis sentimientos a los que amo. Se los diré con mis palabras, se los demostraré con mis gestos, y ofreciéndoles siempre mi tiempo y mi atención. Comprendo que, cuanto más amor soy capaz de dar, más probable es que yo lo reciba a cambio.

No olvidaré amarme a mí mismo. Es una forma muy importante de amor y, no obstante, olvidada muy a menudo. Sé que, al igual que todos los seres humanos, tengo mis defectos, pero no amamos sólo lo que es perfecto. El verdadero amor se da de manera incondicional, sin importar los defectos. Así que puedo amarme a mí mismo con todas mis imperfecciones, porque gracias a ese amor seré más capaz de trabajar en el cambio de cualquier aspecto de mi persona que considere pernicioso.

Me ocurra lo que me ocurra durante mi vida, siempre tendré esta reserva de amor al que recurrir, amor hacia mí mismo y amor dado libremente. Esto me ayudará a hacer frente a las ocasiones negativas y a incrementar las positivas.

La autora sugiere acompañar esta visualización con las siguientes afirmaciones:

- Sé lo que es ser amado.
- Me amo a mí mismo.
- Daré mi amor siempre que pueda.
- Me aseguraré de decir y demostrar a los demás que los amo.

CUANTO MÁS AMOR PUEDAS OFRECER
MÁS AMOR RECIBIRÁS A CAMBIO

La psicóloga Susan Jeffers, a quien ya hemos mencionado, propone una forma muy práctica de recordar y mantener al día nuestro propósito de ofrecer amor y poder ser amado. Se trata de una agenda o dietario dedicado a este fin, que debemos rellenar y consultar durante el día.

Cada página de esa agenda está encabezada por una afirmación positiva. Por ejemplo:

- Tengo poder, soy capaz de amar y no tengo nada que temer.
- Actúo con responsabilidad y amor respecto a mí mismo y a los demás.

* El amor es mi vida, y pongo amor en todos sus aspectos.
* Siento el poder y el amor que irradia mi espíritu.

Debajo de esta afirmación variable, todas las páginas ofrecen una afirmación invariable. La que propone Jeffers es la siguiente: «Me comprometo en un cien por cien con cada área de mi vida. Sé que soy importante y actúo en consecuencia». Y algo más abajo otra breve afirmación invariable: «Mi vida es rica».

Pasamos ahora al dietario propiamente dicho, que ofrece una serie de ítems que debes cumplimentar cada día con compromisos o recordatorios. Esta es la lista de esos temas diarios:

* *Crecimiento espiritual:* en este apartado anotarás las tareas de visualización y/o afirmación que te propones cumplir a lo largo de la jornada.
* *Amor:* lo que piensas hacer para enriquecer tus relaciones afectivas; puede ser una invitación a cenar con tu pareja, encargar tu regalo de aniversario o, simplemente, retirar su traje nuevo de la tintorería.
* *Familia:* puedes proponerte cosas como enviar un ramo de flores a tu madre, llamar por teléfono a la tía que cumple años, o escribir un e-mail a ese primo que tienes descuidado...
* *Amigos:* pensar en un libro para uno de ellos, llamar a otra para almorzar, proponer formalizar una reunión semanal o mensual, telefonear a los que tienen algún problema para ofrecerles tu ayuda o brindarles tu apoyo.
* *Crecimiento personal:* matricularte en un curso de yoga, repasar tus lecciones de idiomas, leer ese libro que te han recomendado, ir regularmente al gimnasio, empezar una dieta de adelgazamiento (si la necesitas).
* *Tiempo a solas:* leer algo que te interese, escuchar buena música, tomar un baño relajante, disfrutar de tus recuerdos agradables, pensar en cosas positivas, prepararte una infusión, recostarte y relajarte sin pensar en nada.
* *Contribución a la comunidad:* colaborar con una ONG o institución benéfica, participar positivamente en las reuniones de vecinos, preparar la ropa que quieres donar al tercer mundo, apuntarte como donante de sangre, etc.
* *Trabajo:* como en cualquier otra agenda, registrarás aquí tus compromisos y obligaciones laborales; procura añadir un toque positivo, como felicitar a

alguien que ha tenido un éxito o llevar unas pastas para la hora de la merienda.

* *Riesgo del día:* señala una decisión o actividad que supone cierto riesgo, pero que te dispones a asumir; apunta posibles medidas preventivas para que salga bien, o paliativas por si sale mal.

* *Hoy debo estar agradecido por...:* por mi buena salud, por el afecto que recibo, por no haber tenido problemas, por este magnífico día, por esa persona que amo...

En la parte inferior de cada página diaria, la autora sitúa 18 puntos o marcas en una escala horizontal. En el extremo izquierdo pone «dolor» y en el derecho, «poder». En la filosofía de Susan Jeffers «dolor» representa los pensamientos negativos, los bloqueos, las actitudes autodestructivas; «poder», por el contrario, es la capacidad que hemos alcanzado para dominar nuestra vida y nuestro destino, la energía mental en positivo que nos da fuerzas para conseguir, mantener y enriquecer nuestras relaciones amorosas y todos los otros aspectos importantes en nuestra existencia.

Se trata entonces de que el primer día te sitúes en el extremo izquierdo, o punto de partida, marcándolo con una X. A medida que sientes que vas progresando en tu vida afectiva, alejándote del «dolor» y adquiriendo más «poder», puedes ir avanzando hacia la derecha en la escala de puntos. El momento y las razones de ese avance quedan a tu criterio, sin apresuramientos ni autoengaños.

Nota: no hallarás en las papelerías una agenda apropiada para estas anotaciones, pero puedes hacerte una plantilla tú mismo, y luego reproducir las copias que quieras utilizando una impresora o fotocopiadora; en la página siguiente encontrarás un modelo confeccionado por la propia Susan Jeffers y que aparece en su libro Aunque tenga miedo, siga adelante.

Afirmación del día 1

Soy poderoso y soy capaz de amar y no tengo nada que temer...

> *Me comprometo en un ciento por ciento con cada área de mi vida.*
> *Sé quer soy importante y actúo en consecuencia.*

MI VIDA ES RICA

Crecimiento espiritual

. . . .

Amor

. . . .

Familia

. . . .

Amigos

. . . .

Crecimiento personal

. . . .

Tiempo a solas

. . . .

Contribución a la comunidad

. . . .

Tiempo libre

. . . .

Trabajo

. . . .

Otros

. . . .

Riesgo del día

. . . .

Hoy estoy agradecido por

. . . .

¿Dónde me sitúo en mi tabla de Dolor a Poder?

Dolor • Poder

A riesgo de decepcionar a algunos lectores, este libro no ofrece recetas milagrosas para conseguir que nos ame quien no quiere amarnos. Si ese filtro mágico existiera su poder sería falso, porque no te haría a ti más querido como ser humano, y la otra persona te amaría sólo en la apariencia, contra su verdadera voluntad y sin auténtico amor. Por fortuna no hay encantamientos ni sortilegios capaces de contrariar la naturaleza de los sentimientos.

Si quieres que alguien se sienta atraído por ti y te ame por lo que eres, no tienes otra opción que resultar atractivo. Eso no tiene que ver necesariamente con tu aspecto físico (aunque debes cuidarlo, especialmente si buscar amor) sino con la personalidad, las virtudes y sentimientos que has desarrollado y que sigues enriqueciendo. Si lo demuestras, expresando apropiadamente tu amor, él o ella sabrán apreciarlas. Si no es así, no pierdas más tiempo. Vas tras la persona equivocada.

Sólo quien se ama sanamente a sí mismo, cultiva su mente y su espíritu y cuida debidamente su salud psíquica y física está en condiciones de amar y ser amado. Al menos, con el amor profundo e intenso que es el sentimiento más perfecto a que podemos aspirar en la vida.

Nada podrás lograr si no sanas primero la relación que tienes contigo mismo.

Roma Bettoni

La doctora Bettoni posee una vasta experiencia en el tratamiento de nuestros aspectos negativos, por medio de las energías positivas y la inteligencia emocional. En uno de sus libros sobre el tema resalta la importancia de la autoestima en las relaciones afectivas y sentimentales, con las siguientes palabras:

El amor a uno mismo implica actuar con responsabilidad e integridad: es cuidar del cuerpo, de la mente y del espíritu, de las emociones y los sentimientos. Amarse a uno mismo significa ser congruente al pensar, hacer y hablar. Tratar de ser, antes que tratar de tener; trabajar por el crecimiento personal, sin sentimientos limitantes; vivir perdonando y perdonándose; no sentir miedos ni culpas: vivir plenamente.

Todos podemos estar de acuerdo con esta imagen de plenitud que nos propone la autora, pero también podemos sentir que es imposible alcanzarla. Conocemos nuestros defectos, nuestras limitaciones y carencias, y creemos que nunca conseguiremos superarlas. ¿Cómo podemos sentir amor por nuestro ser imperfecto? ¿Podemos desarrollar la autoestima a pesar de esos aspectos negativos? Roma Bettoni nos ofrece la respuesta:

Amarse significa aceptarse, pero sin necesidad de aprobarse. Una persona puede aceptarse tal cual es, siempre que sea crítica y busque las formas de corregir lo que en su ser íntimo no le gusta o piensa que no está bien. Creo que alguien sano emocionalmente trata de corregir lo que es posible y acepta lo que no puede cambiar. Pero hagamos una precisión: lo que debe aceptar sin condiciones es lo que no puede variar a voluntad (su sitio en la familia, lugar de nacimiento, estatura, pigmentación de la piel, etc.), en todo lo demás tiene que asumir la responsabilidad de crecer y modificarlo.

Es obligación de cada uno aceptar primero para modificar después. Por ejemplo, buscar una mayor espiritualidad, crecer culturalmente, dominar las emociones de consecuencias negativas o violentas, perdonar para vivir sin rencores, obtener el bienestar material suficiente. Analizarse, criticarse si fuera necesario, pero no para aceptar resignadamente el error sino para modificar, para cambiar hacia lo mejor para sí y para su entorno.

¿Cuáles son los instrumentos concretos para lograr ese cambio? En la concepción de la doctora Bettoni lo primero es analizar si te falta amor a ti mismo, según los siguientes indicadores:

* Desórdenes alimenticios: obesidad, anorexia y bulimia.
* Problemas de relación: dificultad para comprometerse, intimar y comunicarse.
* Trastornos físicos: enfermedades crónicas.
* Abuso de drogas, alcohol y tabaco.

* Adicción al trabajo, actividades frenéticas y exceso de ejercicios físicos.
* Compulsión en las compras, juegos de azar, sexo o amor.
* Dependencia de otras personas: pareja, familiares, amigos...

Si encuentras en ti mismo una o más de esas situaciones, es muy posible que debas luchar contra ellas para poder amar, y sobre todo para poder ser amado. Se trata entonces de fijarte unos objetivos a conseguir, utilizando tu voluntad y tus energías mentales.

Roma Bettoni considera que para que tus objetivos personales sean efectivos, deben reunir las siguientes características:

* *Ser simples.* Las tareas más complejas pueden dividirse en otras más pequeñas y simples. Por ejemplo, el objetivo «buscaré el amor de mi vida» puede sustituirse por «saldré con más frecuencia para conocer más gente».
* *Ser específicos.* El objetivo general «seré más afectuoso» puede ser más concreto: «Invitaré a mis amigos a casa una vez por mes».
* *Comenzar con una acción concreta.* En lugar de «aceptaré más invitaciones», decirte «cuando me inviten a ir a un baile el próximo sábado, aceptaré con entusiasmo».
* *Reflejar nuestros valores, prioridades y deseos.*
* *Enunciarlos en forma positiva y enfática.*

Un elemento fundamental de nuestra vida afectiva es lo que entendemos por amor romántico o amor profundo, que no tiene que ser necesariamente platónico sino intenso y completo. Es esa atracción que sentimos por determinada persona, que nos lleva a escogerla como pareja con el deseo de que se constituya una relación duradera y se abra la posibilidad de crear una familia. En relación con ese tipo de amor, cada uno de nosotros, y también tú, puede encontrarse en una de las siguientes circunstancias:

1. Tienes una pareja feliz y quieres que dure de por vida.
2. Llevas una relación reciente, que deseas consolidar.
3. Has roto una relación y buscas una nueva persona para amar y ser amado.

4. Te encuentras en una relación insatisfactoria, que deseas cambiar.
5. No has encontrado aún la persona adecuada para brindarle tu amor.

Para expresarlo con brevedad, podemos decir que la situación número 1 es sanamente conservadora; la 2 y la 3 son actitudes positivas, con distinto grado de dificultad; y la 4 y 5 suponen un gran esfuerzo de tu parte y cierta intervención del azar. Se trata pues de conservar, mejorar o encontrar la relación de pareja que pueda proporcionarte la paz y felicidad emocional que deseas.

Si crees que has mejorado como persona y sigues desarrollándote, ha llegado la hora de abocarte a la consecución de tus objetivos respecto al amor romántico o de pareja. Tanto si estás satisfecho o disconforme con tu amor, como si todavía no lo has encontrado, debes trabajar con ese fin. Tus instrumentos son los consejos reunidos hasta ahora en este libro, siempre que uses con inteligencia tus emociones para cambiar tu comportamiento y actitudes; pero no olvides realizar con profundidad y regularidad las visualizaciones del cumplimiento de esos objetivos.

PUEDES TRABAJAR CON ÉXITO PARA CONSEGUIR O CONSOLIDAR EL GRAN AMOR DE TU VIDA

Alcanza tus fines profesionales y laborales

La mayoría de las personas dedicamos casi todo el día al trabajo, al estudio o a ambas cosas. Es lógico que tal inversión de tiempo y esfuerzo requiera una compensación, expresada en unos fines que nos proponemos alcanzar. La meta final es el éxito profesional o laboral, que para ser completo debe ser reconocido y admirado. Nadie puede encontrar la paz y la felicidad si esa importante faceta de su vida permanece en la medianía o la frustración.

Ya seas estudiante, profesional, empresario, artista, ejecutivo, empleado, autónomo o desarrolles cualquier otra actividad, tus metas para alcanzar el éxito serán semejantes. Si tienes la suerte de vivir de rentas o ya te has jubilado, tendrás una vocación o afición en la que deseas destacar. El hacer bien las cosas y ser reconocido por ello es un objetivo positivo e imprescindible para una vida completa. Es lo que los psicólogos llaman con acierto «estar realizado»; o sea, haber enriquecido tu vida plenamente y poder disfrutar de ello.

EL ÉXITO EN NUESTRA ACTIVIDAD ES UN FACTOR IMPORTANTE PARA UNA VIDA PLENA Y FELIZ

Existe una forma de visualización que puede ser una ayuda fundamental para el logro de tus objetivos profesionales y laborales. Consiste en trabajar sobre tu imaginación y creatividad, inventando nuevas formas de enfocar tu trabajo y creando soluciones originales a los problemas que se te presentan. Es lo que se denomina «visualización creativa», que libera y pone a tu servicio las energías mentales más extraordinarias que puedas imaginar. Es el tipo de visualización que permite a un comerciante poner una tienda absolutamente original, a un publicista crear una campaña de gran impacto, a un ejecutivo proponer soluciones inesperadas y eficaces, o a un artista encontrar el sorprendente estilo que lo llevará a la fama internacional.

Usar la visualización creativa consciente y correctamente, es la llave que te abrirá las puertas del éxito.

Remez Sasson

Remez Sasson, especialista en pensamiento positivo y energías mentales, ha trabajado a conciencia en la visualización creativa. En sus libros, cursos y conferencias destaca este tipo de visualización como la clave del éxito en toda clase de tareas y actividades:

La visualización creativa, o sea, el deseo consciente y la visualización de un objetivo, puede cambiar tu vida y sacarte fuera del círculo que depende sólo de la suerte o la casualidad. Visualizando el resultado exitoso de una idea o una acción y concentrando en ella tu energía mental, conseguirás que esa idea se concrete en tu favor. Y no se trata de magia. La visualización creativa es un don natural, poderosamente natural, y es la gran llave del éxito.

Todos poseemos en alguna medida ese poder, e incluso lo utilizamos, pero en forma inconsciente y negativa. Muchas personas no controlan sus pensamientos y tienden a pensar negativamente la mayor parte del tiempo. Por lo tanto obtienen resultados negativos a lo que se proponen en sus vidas. Sólo cuando te haces consciente de esa poderosa fuerza mental, la analizas y aprendes a usarla eficazmente, comienzan a producirse los resultados positivos.

Si bien Sasson asegura que la visualización creativa permite alcanzar las metas más altas, también recomienda emplearla en los asuntos de nuestra labor cotidiana:

He comprobado que la visualización creativa puede ayudarnos en nuestra actividad diaria, haciendo que todo fluya con facilidad y con menos gasto de energías. Constantemente la visualización creativa prevé el desarrollo de los acontecimientos de cada día. A veces nos agrada lo que creamos, y a veces no. Una mayor atención consciente a nuestros pensamientos e imágenes puede establecer una notable diferencia.

Si para Sasson la visualización creativa es un factor que utilizamos diariamente, seamos o no conscientes de ello, la diferencia a que alude está en no dejarla a su albur sino reconocerla y dominarla, ya sea para las tareas cotidianas o para obtener el éxito y el reconocimiento que ambicionamos:

Bienestar, éxito, dinero, promoción y bienes, pueden obtenerse por medio de la visualización creativa. Esto no significa que pueda ocurrir de la noche a la mañana. Es necesario un trabajo mental, un cambio de actitud hacia tu vida. Necesitas una mente abierta, concentración, habilidad para visualizar, y una gran cantidad de entusiasmo y perseverancia.

UTILIZANDO LA VISUALIZACION CREATIVA PUEDES ALCANZAR TUS METAS PERSONALES MÁS ELEVADAS

La terapeuta americana Alison Greiner considera que para un trabajo mental creativo debe utilizarse el cerebro derecho, pero en combinación con las otras dos zonas cerebrales, cada una según su función, incorporando las imágenes adecuadas a la mente subconsciente:

El lenguaje del cerebro derecho y de la mente subconsciente es la imaginación. Imaginando y visualizando tus objetivos te diriges directamente a tus energías secretas. El estado ideal de visualización consiste en crear una sinergia efectiva entre la capacidad de jugar con la fantasía del cerebro derecho, junto a la energía emocional del cerebro medio, y el enfoque racional y práctico del cerebro izquierdo.

El cerebro no conoce la diferencia entre realidad y fantasía. Lo que tú imagines que eres, es lo que serás. Cuando visualizas algo en forma definida y consciente, tu cerebro se pone a trabajar sin descanso para conseguir lo que ha visualizado.

La visualización ideal utiliza las tres áreas diferenciadas de nuestro cerebro.

Alison Greiner

Greiner asegura que deportistas notables, como Michael Jordan o Jack Nicklaus, han empleado la visualización creativa para mejorar sus marcas y logros; y también lo han hecho científicos avanzados a su tiempo, como Albert Einstein, o estrategas visionarios, como Napoleón Bonaparte. Pero Greiner aclara que cualquiera de nosotros puede llegar a cumplir sus mayores ambiciones trabajando la visualización de manera correcta y poniendo toda nuestra fe y la convicción de que somos capaces de lograrlo.

Del mismo modo que es partidaria de utilizar en la visualización las tres áreas cerebrales, Alison Greiner recomienda asimismo trabajar con varias formas de visualización. Su consejo concreto son las seis técnicas ideadas por su maestro, el doctor Lee Pulos, uno de los expertos más reconocidos en el uso de las energías mentales positivas.

Seis técnicas de visualización creativa del doctor Lee Pulos

1. Collage de imágenes
Visualiza un collage de diferentes imágenes, en las que te ves alcanzando tu objetivo. Si, por ejemplo, tu meta es graduarte en una carrera universitaria, imagina al acto de graduación, las autoridades entregándote el diploma, los profesores estrechando tu mano... Despliega el diploma y visualiza tu nombre y tu título. Debes mantener cada imagen unos segundos, y pasar a la siguiente, en un tiempo total de unos 30 segundos.

2. Visualización en falsees
Imagina tu meta final y hazla aparecer y desaparecer mentalmente. Visualízala apareciendo con lentitud, y luego más rápido, alternando esas velocidades hasta que la imagen se fije con firmeza en tu mente.

3. Visualización tipo ordenador
Imagina una pantalla de monitor en blanco, con un pequeño punto en el medio. Coloca tu cursor mental sobre ese punto, y haz estallar miles de puntos coloridos que irán formando la imagen de tu objetivo ya conseguido.

4. Visualización multifocal

Visualiza un potente rayo de luz que brota de tu frente hasta unos dos metros de distancia, iluminando tu objetivo. Nuevos rayos brotan de tu corazón y tu plexo solar, formando las respectivas imágenes. Manipula mentalmente los rayos para combinarlos uno sobre otro, formando ante tus ojos cerrados un holograma de tu objetivo en tres dimensiones.

5. Visualización en relámpago

Imagina el estado actual de tu objetivo, y entonces visualiza un relámpago que hace aparecer el objetivo ya obtenido. Esa imagen es brillante y tú te sientes lleno de vitalidad y entusiasmo. Volviendo a la meta del título universitario, en la primera imagen puedes estar redactando un examen difícil, y de pronto un relámpago te muestra recibiendo tu diploma.

6. Visualización dentro/fuera

Imagínate a ti mismo contemplando tu objetivo. Visualiza que te sales de tu cuerpo, y te miras desde afuera alcanzando tu meta. Vuelve a entrar y salir de tu cuerpo, pasando de ser protagonista a ser simple espectador. Practica este ejercicio varias veces, para que tu mente subconsciente determine distintas perspectivas posibles de programarse.

> *Todo aquello que quieras ser, hacer, o tener, podrás conseguirlo con la visualización creativa.*
>
> Lee Pulos

Tal vez pienses que la visualización creativa no es para ti. Que no estás en condiciones de entrar en un mundo de imaginación y fantasía, cuando estás abrumado por tantas tareas concretas y tienes tantos problemas reales que resolver. Es posible incluso que la consideres contraproducente; una distracción inútil, una niñería que un adulto en sus cabales no debería practicar. Pero ocurre que es precisamente en la fantasía de la visualización creativa donde podrás encontrar propuestas novedosas y eficaces en las tareas que hoy te abruman, así como soluciones sorprendentes a los problemas que debes resolver.

El bloqueo de la fantasía

Una vez, en uno de mis programas de radio, leí las seis técnicas de visualización elaboradas por el doctor Pulos. Un instante después me llamó un oyente indignado que se presentó como director de una empresa industrial. Sus palabras fueron más o menos estas: «A veces escucho su programa, y me resulta interesante. Me ha servido para respirar mejor y relajarme en momentos de estrés. ¡Pero, por favor! ¡No vuelva usted a recomendar disparates como esos del tal doctor Pulos! Soy un hombre adulto y centrado, y no me puedo imaginar lanzando rayos con la frente o escabulléndome de mi propio cuerpo». Estoy segura de que ese señor expresaba una resistencia a la fantasía bastante extendida entre cierto tipo de personas, muy respetables, pero totalmente bloqueadas para imaginar cualquier cambio en sus vidas.

NO DEBES PERMITIR QUE LOS PREJUICIOS BLOQUEEN TU CAPACIDAD DE VISUALIZAR

La resistencia a utilizar la visualización, o a pasar a la práctica de visualizaciones más complejas, suele responder a la ignorancia sobre las verdaderas posibilidades de nuestra mente. Es común que sólo le asignemos una capacidad intelectual y racional, de mayor o menor alcance según el caso, y con eso nos conformemos para ir por la vida. Pero hemos visto que nuestra mente, y concretamente nuestro cerebro, posee un área destinada a la imaginación, la fantasía, la creatividad y la invención, que generalmente apenas utilizamos. Con ello desaprovechamos una gran cantidad de energías dormidas, que podemos despertar con la visualización creativa.

Ursula Markham conoce bien este tema, y es una de las expertas que más ha trabajado en el estudio y aplicación de las visualizaciones para desarrollar los aspectos creativos que nos llevan a una auténtica realización personal. Transcribimos su autorizada opinión:

La mayoría de las personas poseen un potencial mucho mayor del que lleguen a desarrollar jamás. Quizá porque dudan de su propia capacidad, sienten que el éxito es 'para otros', o les falta tanta confianza en sí mismos que dudan en dar el primer paso. Pero sólo las visualizaciones pueden servir de ayuda. Realizándolas se puede mejorar la capacidad para aprender, desarrollar la creatividad, volverse más positivo y rendir mejor en situaciones concretas, ya sea presentarse a un examen o destacar en los deportes.

Markham reconoce las carencias de uno u otro tipo que pueden dificultar el acceso a la visualización creativa, y para superarlas propone un ejercicio de imaginación que puede ser ese 'primer paso' que no nos atrevemos a dar. Un primer paso que nos lleve a otros sucesivos, hasta dominar las técnicas de visualización en nuestra mente:

Si deseas mejorar tu desarrollo creativo, damos una visualización que te ayudará a ello. Se basa en una forma de meditación que es fácilmente accesible para todos, y debería ser utilizada cuando se busca inspiración, ya sea para dibujar, pintar, escribir o hacer uso de cualquiera de los demás talentos creativos. No te convertirá necesariamente en un genio, ni podrá reemplazar el conocimiento básico de la técnica correspondiente. Pero puedo ase-

gurarte que obtendrás la máxima satisfacción de lo que hagas, y que los resultados serán mucho mejores que los que habías obtenido antes.

Visualización del paseo por el jardín
(Ursula Markham)

Me siento calmado y relajado. Soy feliz, porque sé que estoy trabajando para aumentar mis poderes creativos de la forma que yo escoja. Realizando esta visualización y con las afirmaciones que la acompañan, tendré más inspiración para pintar (esculpir, escribir, pensar...). Estoy iniciando un proceso que me proporcionará alegría y satisfacción en mi vida creativa.

Utilizando los poderes de mi imaginación, me veo a mí mismo en una habitación, de cara a una puerta que sé que conduce al exterior. Miro hacia la puerta, observando cómo está hecha, el tipo de pomo, de cerradura, de bisagras. Ahora pongo mi mano en el pomo. Abro la puerta y salgo afuera.

Me encuentro en un sendero que serpentea a través de un jardín hasta una verja que sé que está allí, pero que se halla fuera de mi vista. Echo a andar por el sendero, sin apresurarme. Me detengo a mirar a derecha e izquierda, empapándome del escenario que está creando mi mente.

Por fin veo la verja y me dirijo hacia ella con un paso tranquilo, disfrutando del recorrido y de la expectación de mi llegada. Mientras me acerco a la verja, me detengo a observar cómo está hecha. De qué material, cómo se abre, y si está instalada en una pared, una reja, o una valla. Cuando llego a la verja, comienzo a sentirme excitado. Sé que pronto voy a aprender algo acerca de la dirección creativa que voy a tomar en el futuro. Pongo una mano en la verja, palpo su textura; ahora la abro, la cruzo y la cierro tras de mí.

[En este punto, deja volar tu imaginación. Déjate llevar adonde ella te indique; no intentes influirla de ningún modo; limítate a visualizar las imágenes que se van revelando ante ti.]

Estoy disfrutando del paseo, de las vistas y los sonidos que me rodean. Sé que puedo seguir todo el tiempo que desee este viaje a los lugares especiales creados por mi imaginación. En cuanto quiera volver a la realidad, simplemente haré dos o tres respiraciones profundas y abriré los ojos.

Sugerencias para las *afirmaciones*:

* Mi imaginación no tiene límites.
* Puedo convertirme en la persona creativa que siempre he querido ser.
* La parte derecha de mi cerebro se desarrolla cada día.

En los momentos de crisis, sólo la creatividad es más importante que el conocimiento.

Albert Einstein

Consigue un duradero bienestar económico

Lo espiritual y lo material son dos elementos complementarios para alcanzar una existencia plena y feliz. Es falso suponer que existe una situación de bienestar mental y existencial que desdeña los aspectos materiales de la vida. La escasez de dinero y la inseguridad económica son enemigos mortales de la plenitud psíquica y física que estamos dispuestos a conseguir. Son situaciones que suponen ansiedad y angustia, depresión y miedos negativos, que obstruyen cualquier intento de un cambio favorable que transforme y perfeccione nuestra persona.

La anécdota bienintencionada del hombre feliz que no poseía siquiera una camisa que ponerse, pudo ser apropiada para ciertas épocas y lugares. Pero no se corresponde con la forma de vida de nuestras sociedades actuales en Occidente, en las que lo material condiciona la posibilidad de un desarrollo positivo. Es por lo tanto necesario y legítimo que pretendamos obtener un bienestar económico que nos libere de las barreras que obstruyen nuestro perfeccionamiento en otros aspectos de la vida. Y, sobre todo, que ese bienestar sea seguro y duradero.

Las visualizaciones pueden ofrecer una gran ayuda para liberarte de las limitaciones económicas, pero no pueden garantizarte que llegarás a poseer una fabulosa fortuna o un patrimonio incalculable. Una ambición desmedida por los bienes materiales puede ser tan negativa como la mayor miseria, cuando se trata de alcanzar el equilibrio psíquico y la paz espiritual a que aspiramos. Ello no obsta para que las visualizaciones, acompañadas de tu inteligencia y voluntad, lleguen a proporcionarte una considerable abundancia.

> *Si lo que quieres es llegar a ser exitoso, debes imaginarte alcanzando el éxito.*
> Deirdre Jones

La experta estadounidense Deirdre Jones asegura que toda persona exitosa y rica inició su fortuna con un sueño o una visión. Afirma que muchos emprendedores que han triunfado reconocen haber utilizado la visualización creativa, y que ésta jugó un rol decisivo en su enriquecimiento personal y material. Si deseas, emularlos, Jones te ofrece algunos consejos:

Debes visualizarte a ti mismo en tu mente, en el papel del triunfador que deseas ser. Juega activamente con esta imagen mental en toda ocasión que te sea posible; imagina que tus ingresos y beneficios se incrementan hasta el nivel que esperas conseguir. Visualiza que tu negocio prospera y crece tu patrimonio, y los cambios favorables que traerá ese éxito a tu vida.

Tu visualización del éxito tiene que ser clara, debes tener una visión muy nítida de lo que quieres alcanzar. Pero ten en cuenta que sólo visualizar tu éxito no es suficiente. Debes estar convencido de que tus objetivos y metas están a tu alcance. Éste es un concepto clave, no hay lugar en este asunto para dudas paralizantes. Después de todo, si tú no crees en ti mismo, ¿quién lo hará?

El elemento de fe y confianza en ti mismo, en la posibilidad cierta de que puedes alcanzar tus fines, es común a toda visualización. No obstante se torna especialmente decisivo cuando el objetivo se refiere al éxito y la fortuna. Son temas en los cuales las fuerzas contrarias de la realidad pueden ser muy poderosas, y en los que la posible suerte negativa llega a jugar un importante papel. Como expresa Deirdre Jones, las visualizaciones y afirmaciones deben ir acompañadas de una fe sólida y absoluta en que tú posees la capacidad de conseguirlo, así como de una constante visualización de tu persona alcanzando ese fin:

Si quieres que tu negocio sea floreciente, y tener tiempo para disfrutar de tu prosperidad, debes imaginarte a ti mismo en esa situación; si deseas disponer de mucho dinero, tienes que verte mentalmente yendo al banco, y comprobando el alto saldo positivo de tu cuenta corriente. Y ese proceso de visualización debe ser continuo.

Una gran ayuda puede ser repetir en voz alta tus objetivos. Si te lo dices a ti mismo durante un tiempo suficiente, comienzas a creer que puede ser así. De esta forma también refuerzas la confianza en alcanzar tus fines, y los mantienes siempre frescos en tu conciencia.

LA CONFIANZA EN TI MISMO ES LA CLAVE DE UNA VISUALIZACIÓN EFECTIVA DE RIQUEZA

Debemos tener en cuenta que la riqueza en sí, la abundancia material, no basta para convertirnos en personas realizadas y felices. La prosperidad supone un crecimiento económico, pero también ser ricos en aspectos como la salud, la amistad, el amor, la creatividad y la independencia personal. Por ejemplo, debemos mantener una buena salud y suficiente energía para disfrutar de la abundancia, administrarla y poder incrementarla. El amor y la amistad nos brindan el placer de compartir y de ser generosos con las personas que queremos; y la independencia nos permite disfrutar de nuestros recursos económicos de la manera que nos parezca, sin limitaciones ni interferencias extrañas. Podríamos decir que el bienestar material es el objetivo que completa y optimiza los otros que hemos tratado hasta ahora. No hay nada malo en que así sea, ni en que lo consideremos como un fin importante en nuestra vida.

Roma Bettoni, cuya obra ya hemos consultado en el apartado dedicado a la autoestima, sostiene que «cuando se adquiere la conciencia de prosperidad, se logra manifestar dinero, salud, bienestar y felicidad, en cualquier momento de la vida, porque se está generando riqueza en el Universo». Y nos propone tres pasos para conseguir esa conciencia positiva de nuestra prosperidad:

* *Primer paso: saber dar.* Brindar a los demás, desde el amor, la empatía y la solidaridad, lo que puedas y también un poco más.
* *Segundo paso: hacer las paces con el dinero.* Si piensas que el dinero es algo sucio o impuro, tu mente continuará obedeciendo a tus sentimientos favorables a la pobreza, y te alejará de lo que consideras indecoroso.

❋ *Tercer paso: saber que todos debemos ganar.* No es necesario que alguien pierda para que otro gane. En el mundo hay suficiente para todos, sin que se lo arrebatemos a otro para poseerlo. Destierra la avidez; todo se dará a su debido tiempo y en su justa medida.

Si has comprendido el mensaje y aceptas esos tres pasos, dispones de una conciencia positiva de la prosperidad. Puedes buscarla sin temor ni remordimiento, porque a nadie vas a perjudicar ni te rebajarás a ti mismo. Para conseguir el bienestar que mereces, Bettoni ha elaborado un decálogo de actitudes y acciones positivas que puede servirte de guía:

10 pasos para alcanzar la prosperidad
(Roma Bettoni)

❋ *Comprometerte con los deseos del corazón.* Lo primero es establecer contacto con nuestros deseos más profundos. Con frecuencia esos deseos profundos no tienen que ver nuestras ideas de lo que deberíamos desear. Al eliminar los «debería», activamos un imán que atrae hacia nosotros las circunstancias necesarias para hacer realidad lo que estamos buscando.

❋ *Marcar tus prioridades.* Después de entrar en contacto con los deseos que realmente te mueven, es importante trazar un plan de acción que te ayude a hacerlos realidad. En algunos casos lo prioritario es muy obvio, en otros tendrás que seleccionar entre varios.

❋ *Lograr una visión de tu meta.* La visualización es un arma muy poderosa para conseguir que se materialicen los sueños. Desarrolla el poder de tu imaginación.

* *Amar aquello que elijas.* Si haces lo que amas, las energías del Universo te apoyarán y acompañarán en cada etapa del camino. Si no puedes, por lo menos ama lo que haces.

* *Sentir gratitud.* Toma conciencia de que lo que deseas de corazón ya es tuyo, sólo que aún no se ha manifestado. Es esencial demostrar gratitud antes de recibir lo que deseas, porque un corazón agradecido es un corazón abierto para recibir.

* *Aceptar lo que se te ofrece.* Estar dispuesto a recibir lo que la vida tiene para ofrecerte, es un paso fundamental para que se manifieste la abundancia.

* *Declararlo como un hecho.* Una vez que te has comprometido y has expresado gratitud, refuérzalo con tus palabras. Di por ejemplo «lo doy por hecho»; la palabra hablada encierra un enorme poder cuando se dice desde el corazón.

* *Actuar.* Tan pronto como empieces a actuar y veas progresos, sentirás un alivio que te ayudará a relajarte y abrirte a nuevas ideas.

* *Entregarte al «ser verdadero».* Ahora que has cargado de energía tu intención, gracias a la visualización, le has infundido amor, has experimentado tu gratitud y has actuado, lo único que te queda por hacer es dejarlo todo en manos de Dios.

* *Practicar el desapego por los resultados.* Cuando el labrador ara la tierra y la siembra, no la revuelve para ver si la semilla germina; deja que la naturaleza haga su trabajo. Debes dejar actuar libremente a la vida y a Dios, pues tienen soluciones que tu mente, limitada no puede ni sospechar. Si aun así no obtienes los resultados esperados, piensa que por algo será. Lo que ocurra habrá de ser siempre lo mejor para ti.

5.

Las fuentes espirituales y filosóficas

Aunque los caminos de la búsqueda son numerosos,
la búsqueda es siempre la misma.

Rumi

La cita que encabeza este apartado pertenece a Jalal ad-Din Muhammad Rumi, filósofo y poeta sufí del siglo XIII, e inspirador de los llamados «derviches giradores». Místico de mente abierta y generosa, Rumi fue un excepcional guía del crecimiento personal y espiritual del ser humano, con la virtud de abarcar en su prédica a cualquier individuo. Sus escritos no excluyen a nadie, ni reniegan de ningún credo o pensamiento religioso. Su llamado se dirige tanto a los sufíes como a los otros musulmanes, a los budistas, los judíos, los cristianos e incluso a los ateos. Su propuesta es alcanzar el estado más alto de la existencia, la perfección elevada y completa, que está al alcance de cualquiera de nosotros. Así lo expresa en uno de sus poemas:

¡Ven, ven, quienquiera que seas, ven!
Infiel, religioso o pagano, poco importa.
¡Nuestra caravana no es la de la desilusión!
¡Nuestra caravana es la de la esperanza!
¡Ven aunque hayas roto mil veces tus promesas!
¡Ven, a pesar de todo, ven!

Sirva ese esperanzador mensaje universal para abrir este último apartado de nuestro libro, dedicado a enumerar las fuentes espirituales, filosóficas y religiosas del pensamiento positivo y el uso de las energías mentales y cósmicas por medio de la Ley de la Atracción.

Hinduismo: la religión más antigua

El hombre inundado de fe que controla sus sentidos, alcanza el conocimiento que lleva a la paz suprema.

Bhagavadgita

El hinduismo, nacido en un momento indeterminado entre el segundo y el primer milenio a. C., es la religión más antigua de las que se practican en nuestros días. Dotada de un profundo y complejo mundo espiritual, no tuvo un fundador definido, ni histórico ni mítico. En realidad surgió a lo largo del tiempo, a partir de un conglomerado de creencias, tradiciones y cultos locales de ese inmenso subcontinente.

La fusión sincrética que dio lugar al credo hinduista tuvo lugar durante el apogeo de la civilización védica en la planicie septentrional entre el Indo y el Ganges, por medio de las primeras escrituras religiosas en sánscrito. Entre ellas las más antiguas, profundas y autorizadas son los *Vedas* y los *Upanishads,* seguidos por los *Puranas*, el *Mahabharata* y el *Ramayana*. Estos libros sagrados tratan de teología, mitología y filosofía, conformando una guía espiritual para seguir el camino del «dharma», o correcta vida religiosa. El *Bhagavadgita* es un texto posterior, extraído del *Mahabharata* y considerado como un completo resumen de las enseñanzas védicas.

Además de su hegemonía espiritual en India, el credo védico se extendió durante los milenios siguientes entre diversos pueblos del mundo, en los que aún prevalece. Se calcula que hoy existen unos 2.000 millones de creyentes, de los cuales más de 900 millones pertenecen a la India y Nepal. El resto se distribuyen en países de considerable población de origen hindú, como Bangladesh, Sri lanka, Pakistán, Indonesia, Malasia, Surinam, Guyana y las islas de Mauricio, Fidji y Trinidad Tobago.

Es también importante la presencia del hinduismo en el mundo occidental, especialmente en las diversas formas del yoga como técnica de ejercitación cuerpo-mente, y algunos aspectos de la meditación trascendente. El conocimiento y difusión del credo védico en Europa y América se inició durante el dominio colonial británico en la India, y alcanzó mayor dimensión con la figura de Mahatma Ghandi y su resistencia pacífica, así como con la obra narrativa y poética del bengalí Rabindranath Tagore. Tras ellos llegarán numerosos gurús (guías espirituales) y *swamis* (maestros) cuya prédica alcanzaría una considerable difusión, sobre todo en Estados Unidos, Canadá, Reino Unido y otros Estados anglófonos.

Los Beatles y el Maharishi

 Los ídolos del rock and roll, con los Beatles en cabeza, fueron los principales responsables del auge del hinduismo entre la juventud rebelde y pacifista de los años 60 del siglo XX, que se conoció como la generación hippy. En verano de 1967, en el apogeo de su éxito, los cuatro Beatles y otros famosos del rock, como Mick Jagger y Brian Jones, de los Rolling Stones, visitaron al Maharishi Mahesh Yogi durante su estancia en Inglaterra. Este gurú hinduista propiciaba entonces en Occidente un «movimiento de regeneración espiritual» que alarmaba al fundamentalismo cristiano. Poco después, los Beatles viajaron a la India, junto a artistas como Mia Farrow, Donovan o Mike Love, para seguir un curso de meditación trascendental con Maharishi.

La relación de los roqueros con el gurú fue estrecha y muy publicitada, pero no duraría mucho tiempo. No obstante, bastó para que el establishment religioso los acusara de demoníacos, y para que algunos consideraran el trágico asesinato de John Lennon, el 8 de diciembre de 1980, como un castigo divino.

Dioses en la mente

Todas las creencias dhármicas del Indostán, como el hinduismo, el jainismo, el budismo y el sikhismo, sostienen la inmortalidad del alma, que sigue un ciclo sucesivo de muertes y renacimientos. La milenaria religión védica evolucionó hacia la doctrina hinduista del Yoga, manifestada en las enseñanzas del *Vedanta*. En su cosmogonía concibe un Universo unívoco, con un dios inmanente y trascendente que se desdobla en las figuras de Ishvara y Brahma.

Lo interesante para el tema de este libro es que esas divinidades hinduistas se proyectan en la mente de cada individuo por medio de otros dioses menores. En esa creencia está la más antigua simiente de la idea de que Dios está dentro de nosotros. O expresado de otra forma, que cada ser humano lleva en sí un componente de la divinidad. Los hinduistas la alcanzan por medio del *nirvana,* un estado de gracia absoluta al que se llega a través de la meditación y la iluminación.

El nirvana no es un lugar celeste ni un estado del espíritu, sino una experiencia liberadora de las barreras que impiden al individuo participar de la divinidad. Esto incluye todos los condicionamientos del yo, como el nacimiento, el deseo, la necesidad, la conciencia, la codicia, el odio, la ignorancia, la confusión y la muerte. Cada persona lleva en su espíritu el *karma,* que es el resultado acumulado de sus buenas y malas acciones en sucesivas reencarnaciones, y que a su vez condiciona la reencarnación siguiente.

La única forma de liberarse del ciclo de muerte y renacimiento, según las leyes del karma, es lo que en sánscrito se denomina *moksha* (liberación), o también *mukti* (redención). Se trata de un fenómeno trascendente que anula toda conciencia del tiempo y del espacio y que redime la carga negativa del karma. Ese proceso, que lleva a alcanzar el nirvana, no es la redención en el sentido cristiano, sino una anulación del egoísmo del yo, una disolución de la personalidad individual. Su culminación representa acallar todas las pasiones y expectativas terrenales para entrar en una dimensión superior de serenidad y sabiduría.

Influencia en los precursores

Es indudable que el hinduismo, junto a su variante filosófica, el budismo, tuvieron una importante influencia en el espiritualismo occidental que surge en las últimas décadas del siglo XIX. Los pensadores y líderes religiosos que fundaron y difundieron principios como el nuevo pensamiento y la Ley de Atracción de las vibraciones mentales, conocieron y estudiaron las religiones indostánicas.

Aunque en general no compartieron el despojamiento místico que preconizan esas creencias, sí tomaron de ellas la participación de la mente humana en una divinidad omnipresente, y la posibilidad de identificarse con ella. También asumieron la necesidad de superar los aspectos perjudiciales de la mente, como la depresión, el sufrimiento, el odio, la envidia, y otros que se expresan en pensamientos negativos, para poder alcanzar las metas espirituales y materiales de cada persona, transformando así su vida en sentido positivo.

Budismo: el culto sin dios

Lo que somos es el resultado de lo que pensamos;
está fundado en nuestros pensamientos
y está hecho de nuestros pensamientos.

Buda

El budismo es un credo posterior al hinduismo, y estrechamente relacionado con éste. Su fundador y principal figura de culto es el príncipe Siddartha Gautama, un noble del siglo V a. C., que a los 35 años tuvo una iluminación que cambió

su vida. Por eso fue llamado por sus seguidores «el Buda» (del sánscrito *Buddha,* que significa «despierto», «vigilante» e «iluminado»). Siddartha predicó durante más de 40 años, hasta morir a los 80 de edad sin dejar ningún texto escrito. Sus enseñanzas se extendieron rápidamente por toda la India y las regiones vecinas, como Nepal, Bangladesh, Ceilán (la actual Sri Lanka) y, particularmente, China.

Más que una religión de contenido místico, el budismo es una religión filosófica, un código de conducta, un camino para alcanzar la perfección y la serenidad espiritual. Su doctrina establece «cuatro verdades nobles», que se refieren al sufrimiento humano: su naturaleza, sus causas, su anulación y la forma de suprimirlo. Esa cuarta verdad es el camino para abolir el sufrimiento y el dolor, y se expresa en «el noble sendero de ocho pasos» (u «óctuplo»), e cual lleva a la serenidad espiritual que permite la meditación trascendente y la sabiduría. El individuo que recorre ese camino en su totalidad puede ser llamado «Buda», porque el príncipe Siddharta es «El» Buda, pero no el único Buda, ya que hubo otros anónimos, antes y después que él, y puede haber nuevos Budas en el futuro.

Aunque algunas sectas llegan a adorar a Buda como a una deidad, la mayoría de los budistas tan sólo lo veneran como fundador y guía iluminado por la energía del Universo, que no tuvo principio ni tendrá fin. No existe la idea de un Dios creador, omnisciente y omnipotente. Ese difuso ateísmo es su rasgo diferencial, que lo distingue de las otras religiones del mundo.

Los primeros seguidores de Buda en Occidente fueron principalmente grupos fundados por inmigrantes asiáticos, o por agnósticos y ateos con ciertas inquietudes espirituales. Con excepción de la variante zen japonesa, el budismo no tuvo una implantación muy notable en los países desarrollados occidentales. Pero es evidente que su rechazo del sufrimiento y su fe en las energías del Universo inspiraron las doctrinas mentalistas de los siglos XIX y XX.

El fenómeno zen

El Congreso Mundial de Religiones de 1893, celebrado en Chicago, contó con la presencia del monje budista Soyen Shaku, representante del movimiento budista zen, aparecido en Japón, en el siglo XII, como derivación de cierta escuela filosófico-religiosa budista china. La prédica de Shaku en aquella ocasión es considerada como el punto de partida de la eclosión de esa escuela de meditación en Estados Unidos y Europa. Desde entonces y hasta hoy, el zen comparte con el yoga la primacía de los mentalismos orientales practicados en Occidente.

El rasgo distintivo del budismo zen es la especial importancia que otorga a la práctica individual de la meditación, en detrimento del estudio de los textos sagrados o la lectura de oraciones y máximas edificantes. La sabiduría debe obtenerse a través de la experiencia, y su culminación es alcanzar el «despertar» o la «iluminación», emulando la perfección del Buda.

Con ese fin, los adeptos practican el «zazen», o meditación estando sentado, tal como dice la tradición que se encontraba Siddharta cuando fue «despertado» o «iluminado». Esa postura también responde a los elementos tradicionales de mentalización y concentración que forman parte del «noble sendero de ocho pasos».

Como decíamos antes, el zen deriva de la tradición del budismo mahayana, cuya práctica se inicia en China bajo el nombre de budismo chan en el siglo VII d. C. El budismo chan se extendió poco después a Vietnam, Corea y Japón, donde obtuvo especial difusión. Es probable que su amplia aceptación en el mundo occidental responda, por lo menos en parte, a la simplicidad de su propuesta: todos tenemos en nuestra naturaleza la potencialidad de ser Budas, y sólo podremos conseguirlo por la búsqueda en el interior de nosotros mismos. Una filosofía muy semejante en su esencia a la que inspiró el mentalismo moderno y el nuevo pensamiento.

Reiki: la energía que todo lo cura

No te aferres a la fantasía de que nada puede cambiar.

Mikao Usui

A principios del siglo XX, tras tres semanas de ayuno y meditación en lo alto del monte Kurama, el médico japonés Mikao Usui concibió el don de curar por medio de la energía espiritual. Esa experiencia lo llevó a desarrollar una terapia alternativa que denominó «reiki» (del japonés *rei,* «universal», y *ki,* «energía»), tal vez intuyendo que se difundiría por todo el mundo.

Su teoría supone la existencia de una «energía vital» que flota en el Universo y a la que pueden acceder las personas habilitadas para utilizarla con efectos curativos. La técnica más difundida se parece a la tradicional cura por imposición de las manos, después de su agitación previa en el aire para «cargarlas» de esa energía terapéutica. Para practicar este método es necesario seguir un proceso iniciático, conducido por un «maestro de reiki». Los iniciados pueden entonces atraer el reiki a sus manos y emplearlo sobre sí mismos u otras personas, tanto para curar enfermedades como para prevenirlas.

Las manos energizadas se posan sobre el cuerpo del paciente, sin necesidad de que éste se desvista, o pueden también mantenerse a unos centímetros sobre la zona afectada. Algunos maestros sostienen que el oficiante debe conocer el mal del paciente y concentrarse en la intención de curarlo; pero las corrientes más radicales no apoyan este principio. En su versión del reiki, éste detecta por sí mismo las zonas u órganos afectados, o propensos a determinada dolencia, y actúan sobre éstos sin intervención de la voluntad del practicante. Las energías del Universo cumplirían así las tres funciones básicas de la medicina: prevenir, diagnosticar y curar.

A pesar de este triple poder que se le atribuye, el reiki puede acompañar sin problema alguno otros tipos de tratamiento o medicación, ya sea alopática, homeopática o naturista, y de hecho esto es muy frecuente en la práctica. Al compartir la función terapéutica con otros métodos, algunos defensores del reiki suelen atribuirle curaciones debidas a esos métodos, o bien culparlos del eventual fracaso del tratamiento. Sin embargo, ésa no es la tónica general, ya que las distintas prácticas médicas suelen aceptar, si el paciente lo pide, el empleo del reiki como eventual terapia complementaria o, al menos, inocua.

Reiki y nuevo pensamiento

Es muy probable que la amplia difusión del reiki en Occidente responda a factores como la sencillez de su aplicación, la ausencia de doctrinas místicas o esotéricas, su permisividad en relación con otros recursos terapéuticos, la amplitud de su campo de acción y, sobre todo, los numerosos casos registrados de curaciones que se le atribuyen.

Aunque la teoría del doctor Usui es contemporánea y en algún caso posterior a los pioneros americanos del nuevo pensamiento, la gran popularidad alcanzada por el reiki en las últimas décadas del siglo XX sirvió como apoyo y refuerzo de todas las corrientes mentalistas. En particular, en los aspectos relacionados con las vibraciones cósmicas y la Ley de Atracción, que son la base fundamental del reiki.

Pitagóricos y neoplatónicos

Nada perece en el Universo, todo lo que ocurre en él es transformación.

Pitágoras de Samos

El conocimiento humano no sólo debe a Pitágoras el famoso teorema que lleva su nombre (que, en realidad, él trajo de Oriente y perfeccionó uno de sus discípulos), sino también la formulación de la primera cosmogonía de inspiración científica basada en relaciones matemáticas que sitúa a la Tierra como un planeta más de un sistema perfecto al que dio el nombre de «Cosmos».

Pitágoras nació alrededor de 570 a. C. en la isla de Samos, frente a la actual Turquía, donde se formó en el pensamiento de los primeros filósofos jonios, como Tales de Mileto, Anaximandro y Anaxímenes. Durante su juventud realizó viajes iniciáticos a Mesopotamia y Egipto, donde estudió las creencias y las tradiciones orientales. De regreso en Samos se enfrentó a la tiranía de Polícrates, que entonces dominaba la isla, y fue condenado al destierro. Se radicó poco después en Crotona, entonces una próspera y cosmopolita colonia griega del sur de Italia, donde, en el año 500 a. C., fundó una escuela con propósitos filosóficos, religiosos y políticos que sería célebre en todo el mundo antiguo.

El maestro enseñó en ella durante más de 40 años, adorado casi como un dios por sus discípulos. Fueron éstos quienes, al morir Pitágoras sin haber escrito una sola línea, difundieron y desarrollaron su pensamiento, tanto en el campo de las matemáticas como en el de la filosofía y en la doctrina de una moral ascética. 150 años más tarde su influencia será reconocible en el pensamiento de Platón, Aristóteles y otros filósofos, y será retomado en sus aspectos más heterodoxos por los filósofos «neoplatónicos» del bajo medioevo y el Renacimiento.

Los pitagóricos buscaban desvelar el secreto de la armonía de los números, para poder dar cuenta de la armonía del Universo. Su búsqueda pretendía encontrar la esencia del Cosmos bajo la forma de números enteros, con una pasión por la numerología que los llevó a relacionar estrechamente la mística religiosa con la ciencia, la música con la cosmología y la metafísica con la filosofía. Así integraban cuerpo, alma y espíritu en una armoniosa síntesis que hacía del número «la esencia de todas las cosas».

La armonía de las esferas

El estudio de las matemáticas llevó a Pitágoras a interesarse por las relaciones numéricas que existen entre los tiempos y notas musicales, que trasladó a los movimientos planetarios. Estableció así un equilibrio perfecto entre los movimientos de los distintos astros, que denominó música o armonía de las esferas (ya sostenía, con acierto, que la

Tierra y los otros planetas eran redondos). Esta concepción aparece representada en los diálogos de Platón *Fedro* y *La República*, en los que, a partir de la cosmogonía pitagórica, el Sol y la Luna son sendos paraísos a los que acceden las almas buenas, y ciertos planetas alojan infiernos para castigar a los espíritus malvados.

En todo caso la aportación fundamental de Pitágoras y sus sucesores al moderno nuevo pensamiento es su visión del Cosmos como un equilibrio armónico en movimiento, cuya perfección reemplazaba los poderes imperfectos y discrecionales de los antiguos dioses. El Universo que describe es una versión a la vez aproximada e idealizada del que hoy conocemos. A los pioneros del mentalismo les bastó con emplear los recientes descubrimientos de la época sobre las ondas magnéticas y la transmisión de energía para establecer una teoría factible del poder de la mente.

Franz Mesmer y el magnetismo animal

Existe una influencia mutua entre la Tierra, los cuerpos celestes y los cuerpos animados.

Franz Mesmer

Si hubo un científico que influyó decisivamente en el mentalismo moderno, fue sin duda el médico austriaco Franz Anton Mesmer. Su concepción del magnetismo animal se ajusta casi perfectamente a la teoría y la práctica de la Ley de Atracción; y sus tratamientos por hipnotismo han sido y son aplicados por los terapeutas que se adscriben al nuevo pensamiento.

Hijo de un guardabosques, Mesmer nació en 1734 en Iznang (Suabia), cerca del lago de Constanza. Es muy probable que el joven Mesmer tomara sus primeras ideas sobre las energías cósmicas de la lectura de los neoplatónicos y, tal vez, de la vida de Cagliostro y otros «magos» con poderes sorprendentes. Lo cierto es que llegó a convencerse de la existencia de una fuerza curativa desconocida, que relacionaba físicamente los cuerpos animados con las energías telúricas y cósmicas. Llamó a su descubrimiento «magnetismo animal», no en su sentido zoológico sino como la acepción original latina *anima*, que significa «alma».

Franz Mesmer era doctor en medicina, e intentó aplicar esas propiedades en su práctica con pacientes y explicarlas a sus colegas. Pero la sociedad científica de la época rechazó de plano su fantástica teoría. Sin embargo obtuvo una gran repercusión y popularidad entre la gente común, al asegurar que era capaz de canalizar las misteriosas fuerzas del Universo para curar el más variado tipo de enfermedades. Ese éxito azuzó la inquina de la Asociación Médica de Viena, que lo presionó firmemente para que abandonara la ciudad. Mesmer pretendió ignorar esa exigencia, pero la amenaza de denunciarlo ante la Justicia lo convenció de marcharse a probar fortuna a París.

Su suerte y su éxito fueron aún más notables en la capital francesa, donde como apoyo promocional a su consulta de curador, comenzó a ofrecer espectáculos en los que hipnotizaba a algunos asistentes. Éstos eran obligados a realizar cosas imposibles en estado de vigilia, o simples actos curiosos o divertidos, aunque nunca humillantes. Recorrió toda Europa con su número, convertido en un brillante mentalista teatral, lo que le valió ser considerado como uno de los mejores ilusionistas del siglo XVIII, pero no como un gran científico.

En 1784, las prácticas curativas del doctor Mesmer fueron sometidas a un comité científico, del que participó el propio Benjamín Franklin, que se encontraba entonces en París. El veredicto fue que sus teorías no tenían ninguna base científica. Mesmer, despechado y resentido, abandonó Francia para radicarse en Suiza, donde falleció en 1815. Sus seguidores continuaron sus investigaciones y experiencias, con el constante recelo por parte de la medicina oficial. Es no obstante indudable que el mesmerismo influyó en el desarrollo de la hipnosis médica, en particular en los tratamientos de psicoterapia.

La teoría de la inteligencia emocional

Conocer a los otros es inteligencia,
conocerte a ti mismo es sabiduría.

Tao Te Ching

En 1995 ocurrió un hecho excepcional: el libro de contenido científico *La inteligencia emocional* obtuvo una inesperada popularidad a escala mundial, se tradujo a todas las lenguas imaginables y se mantuvo largo tiempo como número uno en las listas de superventas. Algo que no ocurría desde los tiempos del lúcido y amenísimo divulgador científico Stephen Ray Gould, y que proporcionó al autor, Daniel Goleman, una merecida celebridad y unas fabulosas ganancias. Para colmo, el texto era denso, difícil de comprender y escrito en un estilo árido de tesis doctoral.

Goleman, un psicólogo hábil y con buenas relaciones mediáticas, recogió en su exitoso volumen una serie de estudios e investigaciones recientes sobre el funcionamiento y características de la inteligencia humana. El precursor había sido el también psicólogo Edward Thorndike, introductor del concepto de «inteligencia social», que, en 1920, definió como «la habilidad para comprender y dirigir a los hombres y mujeres, chicos y chicas, y actuar sabiamente en las relaciones humanas».

Howard Gardner, psicólogo de la Universidad de Harvard, publicó en 1983 su libro *Inteligencias múltiples* en el que defendía la existencia de distintos tipos de inteligencias sectoriales, en lugar de la inteligencia única aceptada hasta entonces. Este autor proponía ocho tipos de inteligencia: la lingüística-verbal, la lógica-matemática, la corporal-cinestética, la visual-espacial, la músical, la emocional (que se dividiría en la intrapersonal y la interpersonal), la naturalista y la existencial.

La expresión «inteligencia emocional» no fue una invención de Goleman. Quienes en 1990 la introdujeron por primera vez en el campo de la psicología fueron los investigadores Peter Salowey y John D. Mayer, definiéndola como «la capacidad de percibir los sentimientos propios y los de los demás, distinguir entre ellos y servirse de esa información para guiar el pensamiento y la conducta de uno mismo».

El pensamiento sentimental

Según sus valedores, la inteligencia emocional consiste en unas determinadas aptitudes, dentro de las capacidades que conforman la inteligencia social. Las emociones están implicadas inevitablemente en las relaciones sociales, al margen de su papel en otras circunstancias de la vida personal. Nuestra mente inteligente responde a la necesidad de establecer prioridades, de optar por los aspectos positivos y rechazar los pensamientos negativos que pueden llevarnos a la depresión y el fracaso. Ese proceso no puede dejarse dominar por las emociones, pero tampoco puede ignorarlas. El objetivo es reconocerlas y dominarlas para que no interfieran en nuestra vida personal y social, sino por el contrario aporten información que optimice nuestras relaciones y decisiones.

La inteligencia emocional se expresa por lo tanto en cuatro dominios:

* Capacidad para percibir de forma precisa las emociones.
* Capacidad de utilizar las emociones para dar más eficacia al pensamiento y el razonamiento.
* Capacidad para comprender las emociones de uno mismo y de los demás.
* Capacidad para controlar las propias emociones.

Las últimas investigaciones han aportado pruebas convincentes de la imposibilidad de separar el pensamiento de la emoción. Las decisiones que tomamos utilizando sólo el razonamiento lógico pueden no ser las más apropiadas para una visión totalizadora de una situación.

El éxito del libro de Goleman condujo el prestigio de la inteligencia emocional por dos caminos. Uno de ellos la dirigió hacia el mundo de la formación y la empresa, con el surgimiento de numerosos libros que indicaban cómo aplicarla en esos campos. Surgieron también improvisados expertos que ofrecían conferencias y cursos presenciales sobre el asunto, y el mismo autor optó por esa vía en su segundo libro, titulado significativamente *Inteligencia emocional y empresa*. El otro camino fue transitado por autores y practicantes de lo que suele llamarse autoayuda o autoestima, que adoptaron la inteligencia emocional como sustento teórico de sus prácticas basadas en la voluntad y la sugestión, aunque añadiendo una suerte de mentalismo elemental.

Lo cierto es que ninguna corriente ni autor enrolados en la inteligencia emocional menciona las energías mentales, las vibraciones cósmicas, ni la Ley de Atracción. Pero esta carencia teórica fue superada con creces por el hecho de que el cerebro y su funcionamiento se pusieron de moda. Eso revitalizó al mentalismo en un momento difícil, al punto de Roma Bettoni, Susan Jeffers y otros expertos recurren a la I.E. como un componente de apoyo a las visualizaciones.

Apéndices

Autores consultados para elaborar este libro

✳ **Bettoni, Roma.** Abogada de profesión, tras un proceso de búsqueda personal investigó los poderes de la inteligencia emocional y las energías mentales. Dirigió durante varios años el programa de radio «Por todos nosotros», es invitada frecuente en la televisión, y dicta regularmente conferencias y cursos. Ha publicado *Viaje a tu mundo interior*, *Armonía emocional* (Ediciones Robinbook, 2006) y *Hay otro camino*.

 ✳ **Bhatnagar, Anil.** Maestro de reiki, guía y conferenciante en temas de terapia motivacional y crecimiento personal, el profesor indio Anil Bhatnagar es un hombre de variados intereses en temas de espiritualidad y relación cuerpo-mente. Sus apasionados artículos y libros han logrado un sostenido éxito, tanto en la India como en el extranjero. Entre sus principales obras se cuentan el superventas *Transform Your Life whit Reiki* (Transforma tu vida con reiki); y *The Little Book of Forgiveness* (El pequeño libro del perdón).

* **Dunwich, Gerina.** Escritora y poetisa esotérica, se define a sí misma como «bruja». Ha estudiado profundamente el esoterismo europeo y la tradición mágica wicca de origen medieval. En su libro *La magia de las velas* describe el uso del poder de la luz de las velas, tanto para la concentración como para la meditación. Edita también la revista *Golden Isis* (Isis dorada), de poesía mística y arte pagano. Gerina vive en las afueras de Salem (Massachusetts), localidad famosa por haber protagonizado en 1692 la última cacería y ejecución de supuestas brujas.

* **Epstein, Gerald.** Doctor en medicina, es profesor de psicología clínica en el Mount Sinai Medical Center de Nueva York. Lleva 25 años consagrado al tratamiento de enfermedades mediante imágenes mentales, psicoanálisis y meditación. Ha pronunciado conferencias en Estados Unidos, Europa e Israel. Entre sus obras se cuentan *Waking Dream Therapy* (La terapia de soñar despierto), *Visualización curativa* (Ediciones Robinbook, 2002) y *Las siete claves de la curación*.

* **Godefroy, Christian H.** Mentalista francés, experto en dinámica mental y desarrollo personal. Ha escrito varias obras de su especialidad, entre ellas *Pasaporte a la independencia* y *Las técnicas del pensamiento positivo*, en colaboración con D. R. Steevens. La empresa editorial que lleva su nombre es líder del mercado francófono en libros de dominio mental y autohipnosis. Actualmente, Godefroy reside en Suiza, dedicado exclusivamente a escribir nuevas obras.

Greiner, Alison. Terapeuta mentalista, Alison Greiner trabaja sobre el pensamiento positivo y la visualización creativa. En sus artículos para el grupo sanitario Truestar, defiende una visión optimista en el tratamiento por medio de las terapias mentales. Greiner publica asimismo en otras publicaciones especializadas y participa en programas de salud mental.

Jeffers, Susan. Experta especialista en relaciones interpersonales, Susan Jeffers se doctoró en psicología por la Universidad de Columbia, en Nueva York, y atiende su consulta privada en Los Ángeles. Se la considera una de las mejores autoras de temas de autoayuda del mundo, a partir del superventas *Aunque tenga miedo, siga adelante* (Ediciones Robinbook, 1994), que obtuvo varios premios prestigiosos. Entre otros libros de Jeffers destacan *Gozar de la vida en tiempos de crisis* (Ediciones Robinbook, 1996), *Aunque tenga miedo, hágalo igual* (Ediciones Robinbook, 2002), *Mensajes de amor* (Ediciones Robinbook, 2004) y *Cómo relacionarse sin problemas.*

Jones, Deirdre. Reconocida autoridad en el campo de las visualizaciones teóricas en meteorología, la ingeniera Deirdre Jones dedica parte de su tiempo a investigar y difundir la función de las visualizaciones mentales en el desarrollo personal y en tratamientos terapéuticos. Entrevistada con frecuencia en televisión, Jones publica regularmente artículos de prensa sobre su especialidad.

Kummer, Peter. Psicólogo alemán, discípulo dilecto de Joseph Murphy, cuya obra difundió en su país. Ha publicado varios libros sobre el tema, entre ellos *Ich Will, Ich Kann, Ich Werde!* (¡Yo quiero, yo puedo y lo alcanzaré!) y *Todo es posible* (Ediciones Robinbook, 1995). Kummer dirige diversos cursos y seminarios sobre Pensamiento Positivo y participa en programas de la radio y televisión alemanas.

Lewis, Dennis. Experto en meditación y terapias orientales, Lewis estudió durante muchos años los trabajos de Gurdieff, así como el Advaita Vedanta, el taoísmo y el Chi Kung. Actualmente dicta conferencias y dirige cursos para importantes entidades de los Estados Unidos, escribe regularmente en diversas revistas y periódicos, y ha publicado varios libros sobre respiración auténtica y terapéutica cuerpo-mente. Entre ellos, *El tao de la respiración natural* y *Libera tu respiración, libera tu vida.*

Mackenzie, Linda. Doctora en hipnoterapia clínica, autora, articulista, y conferenciante sobre temas de autoayuda y psicología motivacional, Linda Mackenzie dirige su propia empresa, Creative Health & Spirit, y participa en programas de radio y televisión sobre su especialidad. Asesora de importantes empresas públicas y privadas, entre sus obras de más éxito se cuentan *Inner Insights-The Book of Charts* (Pensamientos interiores–El libro de gráficos) y *Help yourself heal with self-hypnosis* (Ayude a su salud con autohipnosis).

Markham, Ursula. Reconocida mentalista e hipnoterapeuta británica, es miembro acreditado del Nacional Council of Hypnotherapy y está considerada como una de las mejores profesionales del Reino Unido en su campo. Markham reside y trabaja en Gloucester, desde donde viaja con frecuencia para dictar conferencias y cursos o ser entrevistada por la televisión. Ha publicado más de 25 libros, entre ellos los superventas *Los misterios de la visualización* y *Las respuestas están dentro de ti* (Ediciones Robinbook, 2004).

Messina, James J. y Constance Messina. El matrimonio de psicólogos formado por los doctores Messina se ha especializado en el tratamiento de problemas psíquicos y físicos. Su técnica se basa en el pensamiento positivo y las energías mentales. Tras más de treinta años de exitosa labor en instituciones públicas y privadas, actualmente dirigen la Coping Organization, un centro de orientación y ayuda en Tampa (Florida). Han escrito varios libros y artículos, entre ellos *Advanced Developed Systems* (Sistemas avanzados de desarrollo).

Peiffer, Vera. Psicoanalista e hipnoterapeuta nacida en Alemania, se trasladó en 1981 al Reino Unido, donde obtuvo su licenciatura en psicología. Completó sus estudios con diplomaturas en la Hypnothink Foundation y en el Hypnotherapy Centre de Bournemouth. En la actualidad trabaja en Londres como terapeuta y dirige cursos de control del estrés en la London Business School. Entre sus numerosas obras publicadas se cuentan *Pensamiento positivo I y II* (Ediciones Robinbook, 1991-2001), *Vivir con optimismo* y *La trampa del deber*.

Pulos, Lee. Doctor en psicología clínica por la Universidad de Denver, perfeccionó sus estudios en las universidades de Indiana y Wisconsin. Dedicado a la investigación y docencia en el campo de las terapias mentales, recibió en 1966 el premio de Psicología Clínica de la Asociación Americana de Profesionales en Psicología. Ha trabajado también como psicólogo asesor en diversos deportes, así como en el entrenamiento mental de atletas del equipo olímpico de Canadá.

Ragnar, Peter. Investigador y terapeuta naturista estadounidense. Realizó profundos estudios de taoísmo e investigó y practicó las artes marciales y su influencia en la relación cuerpo-mente. Actualmente es uno de los más reconocidos maestros en técnicas de autoayuda, vida sana y longevidad. Es asesor de importantes entidades oficiales y privadas, dicta conferencias y cursos e interviene en programas de radio y televisión. Ha publicado unos veinte libros, entre ellos el bestséller *Arte y ciencia de ser invulnerable*.

Sasson, Remez. Autor y experto en crecimiento espiritual, meditación, pensamiento positivo y visualización creativa, edita el boletín quincenal *Consciousness and Success* (Concienciación y éxito). Entre sus obras publicadas se cuentan *Power and Self-Discipline* (Poder y autodisciplina) y *Visualize and Achieve* (Visualizar y lograr). Su página web ofrece artículos informativos y prácticos sobre cómo utilizar la energía mental y la visualización para alcanzar el éxito.

* **Varnadoe Dow, Marty.** Autora y guía espiritual de intensa actividad en los Estados Unidos, ha estudiado a fondo las religiones y filosofías tradicionales de Oriente y Occidente. Mantiene la página web de consejos *Love Can Do Anything* (El amor lo puede todo) y entre sus libros se cuentan *Developing Your Intuitive Power* (Desarrollando su poder intuitivo) y *Let Love Transform Your Life* (Deja que el amor transforme tu vida).

* **Vieira, Waldo.** Doctor en medicina, Waldo Vieira se licenció en filosofías orientales en Japón. Autor de numerosos libros, estudió el tema de la conciencia y su proyección extracorpórea durante 40 años, en los que publicó numerosos libros de esa especialidad. Es fundador del Centro de Conciencia Continua y dirigió el Instituto Internacional de Proyecciología. Miembro de la American Society for Psychical Research de Nueva York, actualmente dirige y coordina la edición de la primera Enciclopedia de Concienciología.

Centros del nuevo pensamiento en España y Latinoamérica

España

En Alicante:

Aembk Alicante. Avda. Dr. Gadea 17, entlo. izda, 03003 Alicante; tel. 965 253 681/656 388 835; e-mail: alicante@es.bkwsu.org / www.aembk.org

En Barcelona:

Aembk Barcelona. Diputació 329, pral, 08009 BarcelonaL; tel: 932 720 843/934 877 667; e-mail: info@aembk.org/www.aembk.org

Centro de Medicina Homeopática y Biológica. Del Cós, 68, 2°, 08241 Manresa, Barcelona; tel: 938 725 777/938 725 960 Brusi 39, 08006 Barcelona; tel: 932 008 134/938 722 244

Reiki Armonia
Balmes 434, 8°, 8022 Barcelona
Santa María 12, 1° A, 08190 Sant Cugat Del Vallès, Barcelona

En Bilbao:

Centro Delta Psicología. Colón de Larreátegui 26, bajos B, 4801 Bilbao; tel. 944 241 960; e-mail: ihgdelta@correo.cop.es

En Donostia/San Sebastián:

Centro de Psicología Integral e Instituto de PNL Integrativa. Secundino Esnaola 16, entlo. izda, 20001 Donostia-San Sebastián, Gipuzkoa; tel: 943 291 661/659 808 476

En Gijón:

Centro de Orientación y Desarrollo Personal. Tel: 653 539 928; Gijón.

En Lleida:

Centre Internacional New Age. Humbert Torres 16, 8è, 25008 Lleida; tel/fax: 973 244 975/609 949 316; e-mail: husborrell@menta.net

En Málaga:

Centro De Yoga Integral Ganesha. Fuente Nueva 11, bajo, San Pedro de Alcántara 29670 Málaga; tel. 952 787 309

Comunidad Terapéutica Hacienda De Toros. Ctra. de Istan Km 4, 29600 Marbella (Málaga); tels. 952 827 193/952 786 653

En Madrid:

Aembk Madrid. Orense 26, 1ª pta. 3, 28020 Madrid; tel: 915 229 498 Fax: 915 565 764; e-mail: infomadrid@aembk.org

Centro de Kundalini Yoga. Tel: 639 568 038; e-mail: yoga@kundaliniyoga.cjb.net

Centro de Reiki Shambaluz. López de Hoyos 120, 5ºE, 28023 Madrid; tel: 912 205 574/670 491 493; e-mail: maestros@shambhalaluz.com

Centro de Yoga Om Ganesha. Gran Capitán 16, Móstoles 28933 Madrid; tel. 916 475 660; www.yogamostoles.com

Centros Sivananda Vedanta. Eraso 4 bajos, Madrid; tel. 913 615 150; e-mail: madrid@sivananda.net

Escuela de Inteligencia de la Universidad Camilo José Cela. Jacometrezo, 15 (Callao), 28013 Madrid; tel: 915 488 176/ 902 151 743; e-mail: info@escueladeinteligencia.com / www.escueladeinteligencia.com

En Santander:

Centro Alisal. Los Ciruelos 44, bajo, Santander; telf. 942 339 959; info@centroalisal.com

En Sevilla:

Aembk Sevilla. Padre Marchena 17, 41001 Sevilla; tel: 954 563 550/ Fax: 954 561 656; e-mail: sevilla@es.bkwsu.org / www.aembk.org

En Vizcaya:

Centro De Salud Surya. Mª Díaz De Haro 58, bajo; 48929 Portugalete, Vizcaya; tel : 944 951 834; e-mail: info@centrosurya.org

Argentina

En Salta:
Las Rosas 140, 4400 Salta; tel.: (387) 439 5326;
e-mail: alde@arnet.com.ar

En Santa Fe:
San Martín 1845, 3000 Santa Fe; tel. y fax: (342) 459 2536;
e-mail: paillet@ciudad.com.ar

En Buenos Aires:
Centro Sivananda Vedanta. Sánchez de Bustamante 2372,
tel. 4804 7813/4805 4270; e-mail: buenosaires@sivananda.org

Aruba
Victor Hugo Straat, 5; Orangestad, Aruba; tel. 583 2110

Chile
Centro Vida Vital . Los Carrera 95 Quilpué; tel. 926238
www.vidavital.cl

Estados Unidos
En Miami: P.O. Box 651600, Miami, Fl. 33265-1600; tel. y fax (305) 263 6712
/ (305) 299 9236; e-mail: juliestefan@aol.com

Honduras
Pedir información al teléfono 504 232 1435

México
Bosque de Inglaterra n.º 18, Fracc. Bosques de Aragón, Netzahualcoyotl,
Estado México. C. P. 57170; tel.: 794 8946; fax: 766 2591

Puerto Rico
En San Juan: Av. De Diego, Edificio Torre Museo 312, suite 503, Santurce;
tel.: 724 8686

* **Uruguay**

En Montevideo: Acevedo Díaz 1523, 11200 Montevideo; tel: 598(2) 4010929
e-mail: montevideo@sivananda.org

* **Venezuela**

En Caracas: Ateneo de Caracas, sala B, 3$^{er.}$ piso; tel.: 978 1753 / 978 1653.
En Charallave: calle 15 Miranda, Qta. Taguapire, planta alta, Charallave, Estado
Miranda; tel.: 039 98 74 23 y 014 938 84 05; e-mail: zhairm@cantv.net